伊犁公路管理局公路桥梁养护管理手册

伊犁公路管理局　主编

人民交通出版社

北京

图书在版编目(CIP)数据

伊犁公路管理局公路桥梁养护管理手册 / 伊犁公路管理局主编. — 北京：人民交通出版社股份有限公司，2025. 1. — ISBN 978-7-114-19901-1

Ⅰ. U448. 145. 7-62

中国国家版本馆 CIP 数据核字第 2025R1L549 号

书　　名：**伊犁公路管理局公路桥梁养护管理手册**
著 作 者：伊犁公路管理局
责任编辑：朱明周
责任校对：赵媛媛　龙　雪
责任印制：刘高彤
出版发行：人民交通出版社
地　　址：(100011)北京市朝阳区安定门外外馆斜街 3 号
网　　址：http：//www. ccpcl. com. cn
销售电话：(010)85285857
总 经 销：人民交通出版社发行部
经　　销：各地新华书店
印　　刷：北京科印技术咨询服务有限公司数码印刷分部
开　　本：880×1230　1/16
印　　张：5. 25
字　　数：115 千
版　　次：2025 年 1 月　第 1 版
印　　次：2026 年 3 月　第 2 次印刷
书　　号：ISBN 978-7-114-19901-1
定　　价：50. 00 元

伊犁公路管理局文件

伊公管养〔2024〕8号

关于印发《伊犁公路管理局公路隧道养护管理手册》《伊犁公路管理局公路桥梁养护管理手册》的通知

局属各分局：

为确保我局管辖公路桥梁、隧道的安全运营，切实提升桥梁、隧道技术人员专业能力和管养水平，深入、全面、系统掌握公路桥梁、隧道养护管理知识，伊犁公路管理局结合管养实际及现代公路桥梁、隧道养护管理成熟经验，参考国家及行业最新标准规范编写完成了《伊犁公路管理局公路隧道养护管理手册》及《伊犁公路管理局公路桥梁养护管理手册》，现予以印发，自2024年8月1日起执行。

各分局在执行过程中，将发现的问题和修改意见以书面形式告伊犁公路管理局养护管理科，以便修订时参考。

伊犁公路管理局

2024年3月13日

抄送：局领导、养护管理科，存档。

伊犁公路管理局办公室　　　　2024年3月13日印发

前　言

为适应新疆维吾尔自治区公路交通运输发展需要，根据国家相关法律法规、行业标准、技术规范、部颁文件，结合伊犁公路管理局公路桥梁养护实际情况，制订《伊犁公路管理局公路桥梁养护管理手册》（简称“手册”）。本手册旨在为伊犁公路管理局现行管理体系下的桥梁养护人员提供标准化、规范化的技术指导，使辖区桥梁在设计使用年限内保持良好的技术状况和运营服务状态，避免因结构损伤、设施故障而降低桥梁服务水平或对其使用安全性造成影响。

在本手册修编过程中，编制组深入调查公路桥梁行业养护现状，借鉴我国公路桥梁养护的先进实践经验，充分考虑伊犁公路管理局桥梁养护实际情况，广泛征求公路桥梁养护、检测和管理等有关单位及专家的意见，形成本手册。本手册提出的桥梁日常养护要求、养护内容、养护方案等，可有效指导一线养护人员及相关技术人员科学开展桥梁日常养护工作，保障桥梁安全平稳运营。

主编单位：伊犁公路管理局。

技术支持单位：中路高科交通检测检验认证有限公司。

主　　编：李建军、于毅、方本江、艾力克木·阿布都拉、李春早。

主要参编人员：杨春红、李悦玲、申林、杨有伟、牛俊杰、周豪、古丽娜·乌买尔、魏超、布尔兰·阿不都吾扎克、王莉、任锦宇、刘锦山、钟珊珊、安俊松、吴宗仁、栾岩。

目　录

1 总则

桥梁养护管理工作是一个动态化的过程，养护重点、养护对象以及养护策略需要结合桥梁结构形式特点、服役年限和劣化趋势进行不断迭代、更新，使得桥梁养护工作更加有的放矢。为进一步提升伊犁公路管理局辖区内桥梁的养护管理水平和工作成效，切实做好重点桥梁养护管理工作，同时满足行业管理部门对桥梁的管理要求，确保营运桥梁安全、耐久，编制本手册。

本手册是伊犁公路管理局重点桥梁工程结构维护的基础性技术文件，旨在为大桥管养部门在运营养护期的检查、维修工作提供技术指导。

本手册主要针对伊犁公路管理局辖区内重点桥梁进行编制，建议每 5 年修编一次。当出现其他有必要更新的情况时，管养单位也应及时更新手册。

2 依据

下列文件对于本手册的应用是必不可少的。凡是注日期的引用文件，仅注日期的版本适用于本手册。凡是不注日期的引用文件，其最新版本适用于本手册。

(1)《公路桥涵养护规范》(JTG 5120—2021)。

(2)《公路桥梁技术状况评定标准》(JTG/T H21—2011)。

(3)《公路养护技术标准》(JTG 5110—2023)。

(4)《公路桥涵设计通用规范》(JTG D60—2015)。

(5)《公路钢筋混凝土及预应力混凝土桥涵设计规范》(JTG 3362—2018)。

(6)《公路桥梁承载能力检测评定规程》(JTG/T J21—2011)。

(7)《公路桥梁盆式支座》(JT/T 391—2019)。

(8)《公路桥梁养护管理工作制度》(交公路发〔2007〕336 号)。

(9)《交通运输部关于进一步加强公路桥梁养护管理的若干意见》(交公路发〔2013〕321 号)。

(10)《公路长大桥隧养护管理和安全运行若干规定》(交公路发〔2018〕35 号)。

(11)《关于进一步提升公路桥梁安全耐久水平的意见》(交公路发〔2020〕127 号)。

(12)《自治区公路管理局桥梁突发事件应急总体预案》(新公管养〔2020〕131 号)。

(13)《自治区公路管理局公路桥涵养护管理制度》(新公管养〔2016〕415 号)。

(14)《自治区公路管理局危桥管理工作制度》(新公管养〔2017〕191 号)。

3 桥梁概况

3.1 巩乃斯河特大桥概况

巩乃斯河特大桥(上行、下行)位于国道577线K195+396处，该桥分左幅、右幅，桥跨布置为37×30m，全长1117.00m。上部结构为预应力混凝土连续箱梁；下部结构桥墩采用双柱式墩桩基础，桥台采用肋板式桥台桩基础。桥面铺装层采用沥青混凝土，桥面总宽24.0m。本桥在0号、37号台台顶设置80型异形钢伸缩缝，在3号、6号、9号、13号、17号、21号、25号、29号、33号墩墩顶设置160型模数式伸缩缝。

巩乃斯河特大桥(上行、下行)技术标准为：

(1)公路等级：一级公路。

(2)设计速度：120km/h。

(3)设计荷载标准：公路—I级。

(4)桥面宽度：2×12m。

(5)地震：地震动峰值加速度系数为0.15*g*(*g*为重力加速度)。

本桥立面照见图3-1，正面照见图3-2。

图3-1 巩乃斯河特大桥立面照

图3-2 巩乃斯河特大桥正面照

3.2 喀什河大桥概况

喀什河大桥位于省道242线K53+055处，桥跨布置为34×30m，全长1027.80m。上部结构为预应力混凝土箱梁；下部结构桥墩采用双柱式墩桩基础，桥台采用肋板式桥台桩基础。桥面铺装层采用沥青混凝土，桥面总宽13.5m。本桥3号、7号、15号、18号、23号、27号墩墩顶及0号、31号台台顶设置毛勒伸缩缝。

喀什河大桥技术标准为：

(1)公路等级：二级公路。

(2)设计速度：80km/h。

(3)设计荷载标准：公路—Ⅱ级。

(4)桥面宽度：13.5m。

(5)地震：地震动峰值加速度系数为 0.15g(g 为重力加速度)。

本桥立面照见图 3-3，正面照见图 3-4。

图 3-3　喀什河大桥立面照

图 3-4　喀什河大桥正面照

3.3　其他桥梁概况

伊犁公路管理局共管养 312 座桥梁，其中有 3 座特大桥、35 座大桥、93 座中桥、181 座小桥。

4 基本规定

4.1 构件编号原则

4.1.1 方位描述规则

规定主线沿运营小桩号至运营大桩号方向为路线前进方向，沿路线前进桩号增大方向为路线右幅(上行)，反之为路线左幅(下行)，见图 4-1，桥梁编码中分别用“R”和“L”表示。

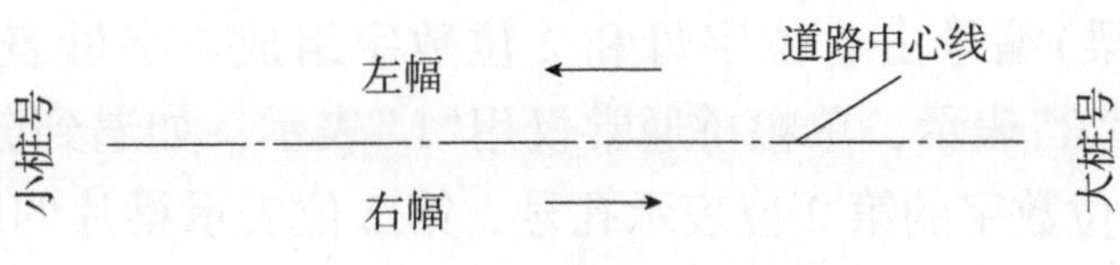

图 4-1 左右幅规定示意图

在同一横断面上，规定靠近道路中心线(中央分隔带)的位置记为内侧，远离中央分隔带的位置记为外侧，构件编号的顺序均是从内侧开始，在外侧结束，左右幅构件编号对称，见图 4-2。例如 L1-1 与 R1-1 分别指的是左幅、右幅桥梁的最内侧梁片编号。

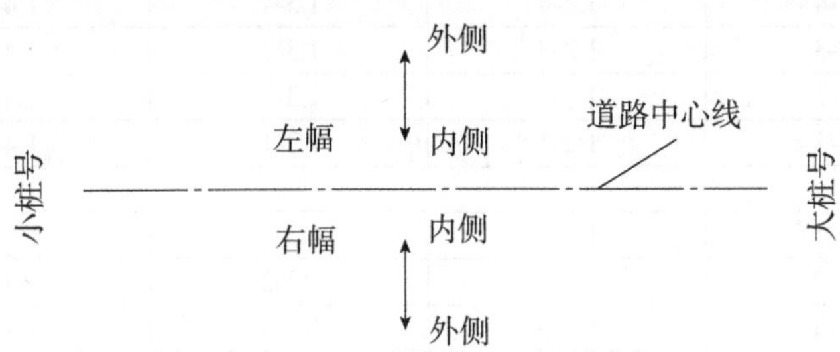

图 4-2 内外侧规定示意图

在同一纵断面上，规定在小桩号一侧的位置记为小桩号侧，在大桩号一侧的位置记为大桩号侧。

4.1.2 结构构件划分及编号规则

伊犁公路管理局辖区内，大部分桥梁的结构形式为梁式桥。梁式桥上部结构包括上部承重构件、上部一般构件和支座三部分。上部承重构件是梁式桥的主要承重部分。上部一般构件主要起梁体间的横向联系作用。支座主要将上部结构荷载传递给下部结构。构件数量的划分基本上按照构件的自然单位进行计算。

4.1.2.1　上部承重构件划分与编号规则

以三跨预制箱形梁桥、每一跨有 4 片为例，上部承重构件梁体的构件总数为 12，见图 4-3。

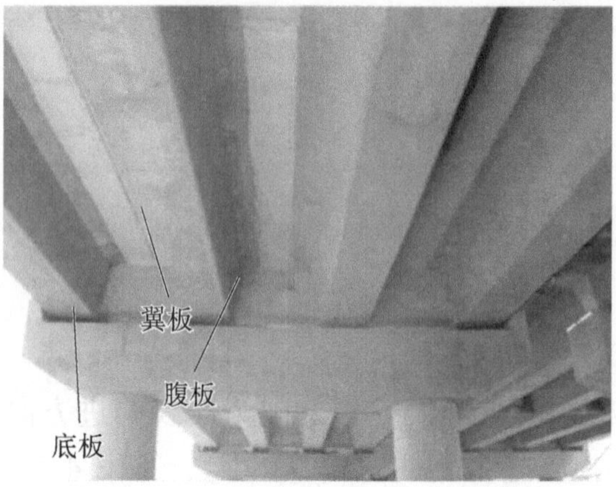

图 4-3　预制箱形梁上部承重构件

上部承重结构(梁)编号由 1 位字母和 2 位数字组成。字母表示左(右)幅，左幅用“L”表示，右幅用“R”表示，单幅桥通常仅用“L”表示；如遇到分离式桥梁只有上行时，用“R”表示。两位数字的第 2 位表示孔号，第 2 位表示梁片的顺序号(从内侧向外侧计算)。例如：预制箱形梁 L1-1 表示左幅桥梁第 1 跨的第 1 片梁，预制箱形梁 R2-2 表示右幅桥梁第 2 跨的第 2 片梁，见图 4-4。

桩号增大方向 ⟶

高速公路双幅-预制箱形梁

L1-5	L2-5	L3-5	L4-5
L1-4	L2-4	L3-4	L4-4
L1-3	L2-3	L3-3	L4-3
L1-2	L2-2	L3-2	L4-2
L1-1	L2-1	L3-1	L4-1

R1-1	R2-1	R3-1	R4-1
R1-2	R2-2	R3-2	R4-2
R1-3	R2-3	R3-3	R4-3
R1-4	R2-4	R3-4	R4-4
R1-5	R2-5	R3-5	R4-5

图 4-4　构件编号示意图

4.1.2.2　支座构件划分与编号规则

支座构件的划分基本上按照构件的自然单位进行计算，以个为单位。

连续刚构支座编号由 1 位字母和 3 位数字组成。字母表示左(右)幅，左幅用“L”表示，右幅用“R”表示。3 位数字的第 1 位表示孔号，第 2 位表示支座位置所在的墩台号，第 3 位表示支座的顺序号(从内侧向外侧计算)。例如：盆式橡胶支座 R1-1-2 表示右幅桥梁第 1 跨 1 号墩上的第 2 个支座，见图 4-5。

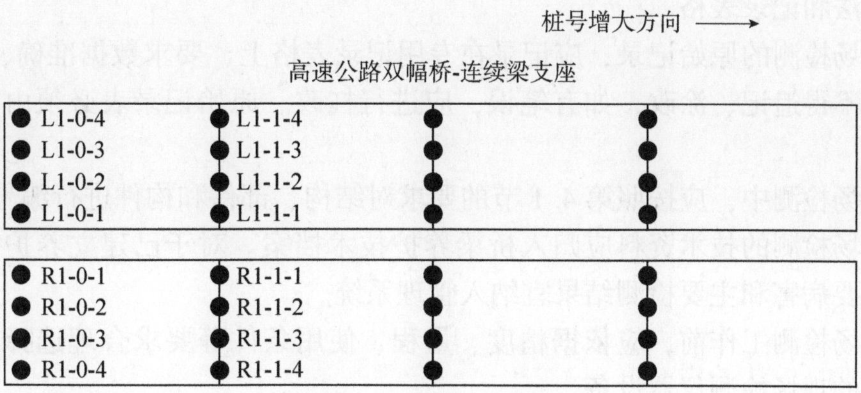

图 4-5 支座编号示意图

4.1.2.3 桥梁墩台构件划分与编号规则

按照桥墩各组成部分自然单位进行计算。具体划分为墩柱(墩身)、盖梁(墩帽)和横系梁。

主桥主墩采用矩形实体墩，墩身编号由 1 位字母和 1 位数字组成。字母表示左(右)幅，左幅用“L”表示，右幅用“R”表示，单幅桥通常用“L”表示。

墩柱编号由 1 位字母和 2 位数字组成。字母表示左(右)幅，左幅用“L”表示，右幅用“R”表示。两位数字的第 1 位表示墩号，第 2 位表示柱子的顺序号(从内侧向外侧计算)。例如：墩柱 L1-2 表示左幅桥梁 1 号墩的第 2 个柱子。

盖梁编号由 1 位字母和 1 位数字组成。字母表示左(右)幅，左幅用“L”表示，右幅用“R”表示。如果一排墩上有多个盖梁，编码规则为 L1-1、L1-2。例如：盖梁 L1 表示左幅桥梁 1 号墩盖梁。

桥台编号由 1 位字母和 1 位数字组成。字母表示左(右)幅，左幅用“L”表示，右幅用“R”表示。数字表示台号。例如：桥台 L0 表示左幅桥梁 0 号桥台。

4.1.2.4 伸缩缝装置构件划分与编号规则

伸缩缝的位置在墩台顶部，其编号与墩台号相关联，编号由 1 位字母和 1 位数字组成。字母表示左(右)幅，左幅用“L”表示，右幅用“R”表示；单幅桥通常用“L”表示。数字排序从小桩号侧开始。例如：伸缩缝 L0 表示左幅桥梁 0 号台对应的伸缩缝。

4.1.2.5 桥面铺装划分与编号规则

桥面铺装的构件数量与桥梁跨数一致，编号由 1 位字母和 1 位数字组成。字母表示左(右)幅，左幅用“L”表示，右幅用“R”表示；单幅桥通常用“L”表示；如遇到分离式桥梁只有上行时，用“R”表示。数字表示桥梁跨号，数字排序从小桩号侧开始。例如：桥面铺装 L5 表示左幅桥梁第 5 跨的桥面铺装。桥面铺装 R5 表示右幅桥梁第 5 跨的桥面铺装。

4.2 现场检测记录要求

4.2.1 总体要求

现场检测桥梁的各类病害时，应准确记录。对重要病害开展连续观测，应采用统一的记录方法和记录表格。

桥梁现场检测的原始记录，应记录在专用记录表格上，要求数据准确、字迹清晰、信息完整，不得追记、涂改，如有笔误，应进行杠改。原始记录表必须由检测及记录人员签字。

桥梁现场检测中，应按照第 4.1 节的要求对结构、部件和构件进行编号。

桥梁现场检测的技术资料应归入桥梁养护技术档案。对于已建立养护管理系统的桥梁，其重要病害和主要检测结果宜纳入管理系统。

开展现场检测工作前，应依据精度、量程、使用条件等要求合理选择在检定或校准有效期内的现场检测仪器设备。

4.2.2 混凝土表观病害的检测记录要求

对于桥梁混凝土结构蜂窝与麻面、剥落与掉角、空洞与孔洞、露筋、钢筋锈胀等表观缺陷，可按下列方法检测和记录：

(1)用钢尺、卷尺或激光测距仪量测此类缺陷的位置和范围，精确到 0.01m。

(2)根据现场条件，为清晰醒目地反映病害，必要时可以用记号笔圈画病害范围，并标示出缺陷的面积、空洞直径与深度、露筋长度等参数。常见表观缺陷的记录参数如表 4-1 所示。

表 4-1 常见表观缺陷的记录参数与精度要求

缺陷	参数	精度
蜂窝、麻面	面积	0.01m^2
剥落、掉角	面积	0.01m^2
	深度	0.01m
空洞、孔洞	面积	0.01m^2
	深度	0.01m
露筋、钢筋锈胀	面积	0.01m^2
	长度	0.01m

(3)如需拍照记录桥梁表观缺陷，照片中应放置反映病害实际尺寸的对比参照物，且照片反映的病害特征宜与桥梁结构的关键构件和位置建立对应关系。如果一张照片反映不清楚，宜拍摄更多张照片，来反映病害的局部特征以及位置参照情况。

(4)对于经常检查，可使用“经常检查记录表”(附录 A)进行记录。

(5)对于定期检查，利用相关记录表进行现场记录。应对缺陷所处的结构部位、构件名称与编号、病害类型、病害准确位置、病害特征、病害严重程度(定性评定标度)进行描述。

(6)应按现行《公路桥梁技术状况评定标准》(JTG/T H21)评定病害标度。

对于混凝土结构裂缝，可按下列方法检测和记录：

(1)接近构件表面，对桥梁结构存在的裂缝进行全面检测。并结合重点部位，目测观察裂缝分布情况，记录裂缝病害情况。

(2)在观测过程中，结合以往检测资料，对以往已出现的重要裂缝(指影响结构安全的结构性裂缝和影响结构耐久性的典型非结构性裂缝等，下同)，分析裂缝发展变化情况。

(3)对裂缝类型进行现场判断。对于一般裂缝，可以采用裂缝比对卡进行观测并记录；对于重要的裂缝，应采用裂缝测宽仪、裂缝显微镜对最大裂缝宽度进行检测。裂缝宽度的测量精度为0.01mm。

(4)对于重要裂缝，宜用记号笔在构件表面标记裂缝走向、起止位置、长度、宽度、测量位置、检测日期。如采用文字叙述相对位置，可采用相对坐标记录方法

(5)对于构件的重要裂缝，应逐条记录。对于分布规律相同、数量较多且分布较密的构件上的裂缝，除按上述第(4)条要求记录外，还应记录裂缝的总条数、裂缝间距范围或平均间距、裂缝的长度范围、裂缝的宽度范围等。

(6)对于分布区域较大的裂缝，宜通过绘制裂缝分布图来进行记录。

(7)用放大镜找准待观测裂缝末端准确位置后，再用记号笔做端部标识并记录日期。并在裂缝的两侧标记相关的箭头，标记线一般距裂缝0.5~1cm，详见图4-6。

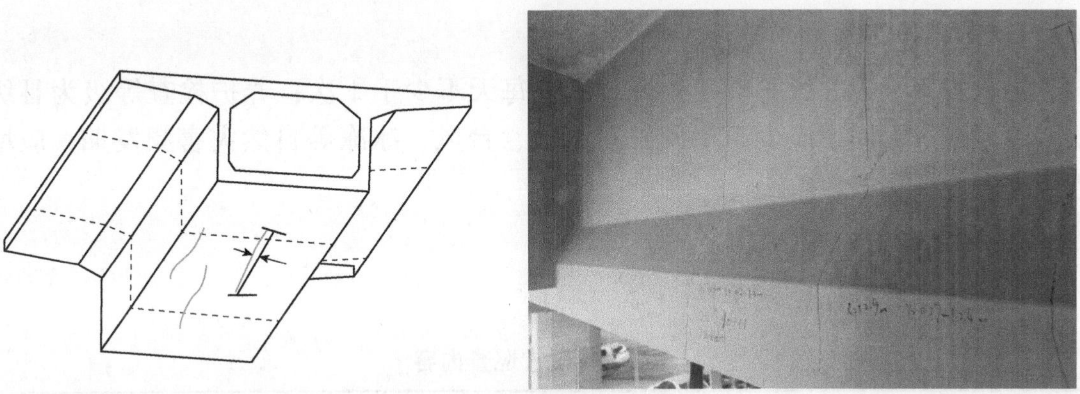

图4-6　裂缝标记示意图

5 桥梁检查、监测与评定

5.1 一般规定

伊犁公路管理局辖区内的桥梁根据《公路桥涵养护规范》(JTG 5120—2021)、《公路养护技术标准》(JTG 5110—2023)的要求确定桥梁养护检查等级。其中，喀什河大桥、巩乃斯河特大桥养护检查等级为Ⅱ级。

5.2 日常巡查

5.2.1 日常巡查的频率

养护检查等级为Ⅱ级的桥梁，日常巡查每天不少于1次；养护检查等级为Ⅲ级的桥梁，日常巡查每周不应少于1次。在汛期、台风、冰冻等自然灾害频发期，应增加检查频率。

5.2.2 日常巡查的内容

日常巡查的内容详见表5-1。

表5-1 日常巡查内容

类型	检查项目	检查内容
日常巡查(车行)	主梁	是否存在线形异常、振动异常
	桥面铺装	是否有开裂、破损等状况
	伸缩缝装置	是否有明显破损、异响、跳车等状况，桥台顶面伸缩缝处是否漏水
	栏杆或护栏	有无缺损
	交通标志、标线与轮廓标	是否清晰、完好
	锥坡、护坡	是否有冲刷、滑脱、坍塌、脱空、沉陷等病害
	翼(耳)墙	是否开裂、倾斜、滑移、沉陷，有无降低挡土能力的病害
	混凝土	是否风化、开裂、剥落、露筋，有无纵(横)向裂缝、大面积松动、灰浆脱落
	墩台、基础	有无滑动、倾斜、下沉、不均匀沉降，检查基础冲刷情况
	安全保护区	有无违规作业、占用或堆载
	其他	车辆行驶过程中有无明显异响。桥梁结构是否存在其他显著异常状况

5.2.3 日常巡查的方法

日常巡查以目测为主，随身携带对讲机、强光手电筒、尺寸和环境信息量测设备、影像记录设备、巡查记录设备及相关检查工具，并现场填写“日常巡查记录表”，其格式见附录B。

5.2.4 日常巡查后的养护

每天应有专人对桥面进行清扫，保持桥面清洁。如有不清洁、杂物堆积或排水系统堵塞等现象，应立即清理，保持清洁、排水畅通。

如有混凝土结构或桥面铺装、伸缩缝等结构设施的严重或大面积病害，应立即提出养护对策及处治方法并进行维修。

如受车船碰撞损坏，应组织专业人员对受损部位做进一步的检查后提出相应的处治对策，并尽快维修损坏部位。

交通标志、标线如有缺失、不完整或不正确，应立即更换。如有损坏应立即修复。

5.2.5 资料整理和存档

日常巡查结束后，应在当日归档。每月的巡查记录应汇总、归档，作为经常检查和定期检查的依据。

桥梁养护工程师负责检查日常巡查记录的规范性及完整性，并对发现的病害和问题提出书面处理意见或建议。如遇严重病害或重大问题，应及时上报主管领导及相关部门。

日常巡查记录及相关附属资料应按月成册并规范化归档。

5.3 经常检查

5.3.1 经常检查的频率

对于养护检查等级为Ⅱ级的桥梁，经常检查频率为每两个月至少1次。对于养护检查等级为Ⅲ级的桥梁，经常检查频率为每季度至少1次。在汛期、台风、冰冻等自然灾害频发期，应增加检查频率。

对于养护检查等级为Ⅱ、Ⅲ级的桥梁，在定期检查中发现存在4类构件时，实施加固处治前应提高经常检查频率。

对支座的经常检查，每季度不应少于1次。

5.3.2 经常检查的内容

经常检查的内容见表5-2。

表5-2 经常检查内容

部件	检查项目	检查内容
主梁	混凝土箱梁	是否存在裂缝、露筋、钢筋锈胀
支座	支座	支座钢构件有无锈蚀、裂纹、变形；固定螺栓有无剪断、锈蚀；防尘罩有无破损，垫石有无破损

续上表

部件	检查项目	检查内容
桥面系	桥面铺装	是否存在修补不良、污染、沥青坑槽、开裂、车辙、拥包等
	伸缩缝	是否存在填塞、密封橡胶老化破损、型钢断裂、缺失以及伸缩缝螺栓松动、脱落
	桥面排水	是否存在泄水孔堵塞、集中排水管破损、管节脱落
	栏杆、护栏	栏杆或护栏等有无破损、缺失、锈蚀、移动或错位
墩台	墩台	墩台有无明显的倾斜、损伤、开裂及是否受到车、船或漂流物撞击而受损；基础有无冲刷、损坏、悬空；墩台与基础是否受到生物腐蚀

5.3.3 经常检查的重点关注内容

5.3.3.1 重点关注内容

应重点关注喀什河大桥结构耐久性方面的问题，主要表现为主梁泄水孔处存在多处渗水、泛碱。此外，还应关注排水管、伸缩缝的情况。根据2020年定期检查报告，总结喀什河大桥、巩乃斯河特大桥经常检查的重点关注内容，见表5-3。

表 5-3 经常检查的重点关注内容

重点关注部件	检查要点	典型照片
主梁	耐久性病害(小箱梁通风孔处渗水泛碱)	 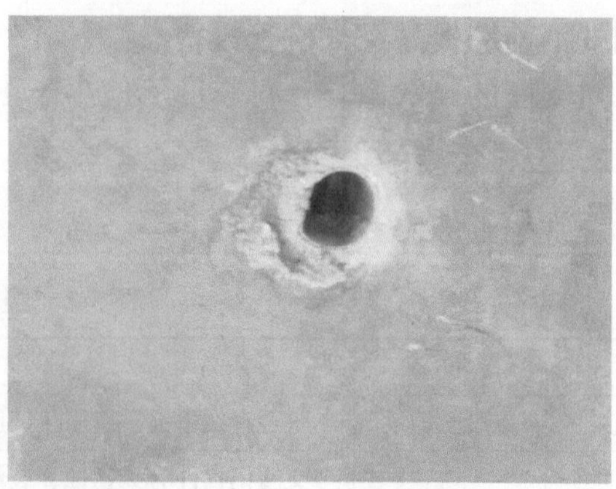

续上表

重点关注部件	检查要点	典型照片
伸缩缝	止水带老化、破损	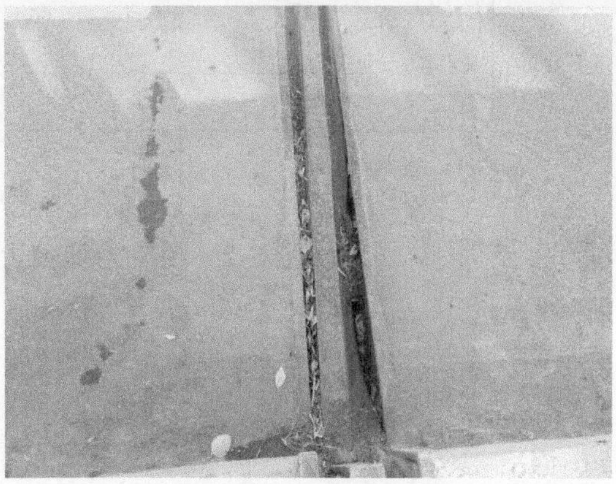
排水设施	桥面排水管缺失、断裂	

5.3.3.2 空心板梁重点关注内容

1)结构性裂缝

跨中正弯矩裂缝首先表现为跨中板底横向裂缝，进一步发展后，从底板延伸至腹板，形成U形受弯裂缝，随着荷载的增大，裂缝宽度增大，长度延伸，缝数增多，间距变小，裂缝区域由跨中逐渐向两侧发展，见图5-1、图5-2。

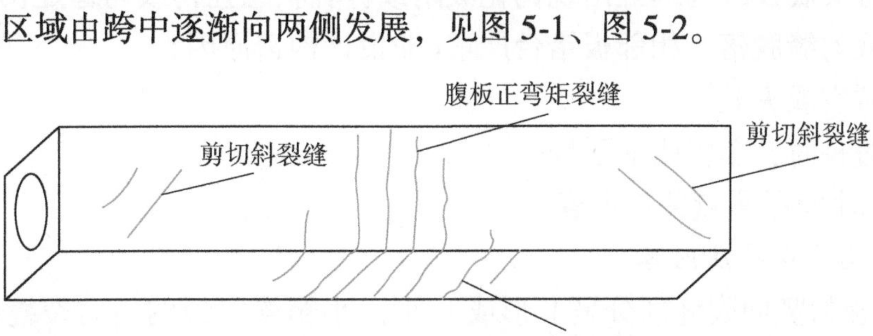

图5-1 钢筋混凝土空心板典型裂缝示意图

板底纵向裂缝一般在空心板底板最薄处出现。如果部分裂缝伴有渗水，表明裂缝已贯通板底。板底纵向裂缝示意图见图5-3。

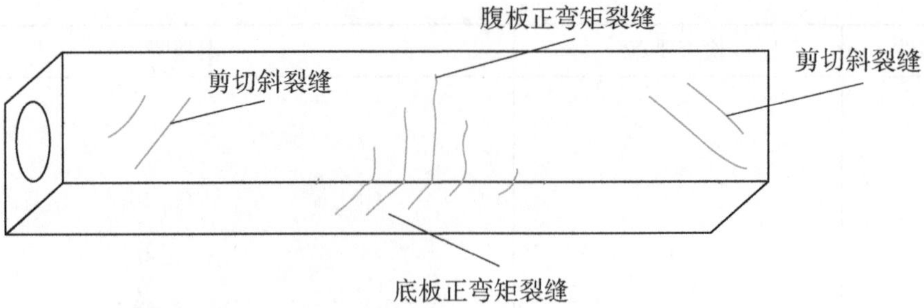

图 5-2　预应力混凝土空心板典型裂缝示意图

图 5-3　板底纵向裂缝示意图

2) 单板受力

横向分配作用是预制空心板梁桥上部结构受力的体系特点，即相邻多块空心板利用铰缝传递作用共同分担受力。所谓单板受力，就是铰缝部分丧失传力功能或全部失效，使得车辆荷载直接作用在单块空心板梁。出现单板受力，一般会导致空心板梁底板出现严重弯曲裂缝，严重时发生断板。

形成致命病害的早期病害特征为：

(1) 桥面铺装铰缝处出现纵向裂缝。

(2) 空心板梁底铰缝勾缝处出现钙化吸附或钟乳状悬挂物或勾缝处长期渗水。

(3) 板梁底勾缝脱落，相邻板错台严重(非设计构造原因)。

(4) 支座脱空或失效。

(5) 重车过桥时，单板明显下挠。

5.3.3.3　小箱梁重点关注内容

1) 上部结构重点关注内容

小箱梁腹板的竖向裂缝部分呈 L 形或 U 形。小箱梁腹板的斜向裂缝部分分布于梁端翼缘板倒角处。部分箱梁腹板或底板存在沿钢束走向的纵向断续裂缝。典型病害照片见图 5-4～图 5-10。

此外，还有湿接缝的泛碱、纵向开裂、横向开裂等病害，小箱梁的边角破损、空洞露筋、钢筋锈胀等病害，典型照片见图 5-11～图 5-13。

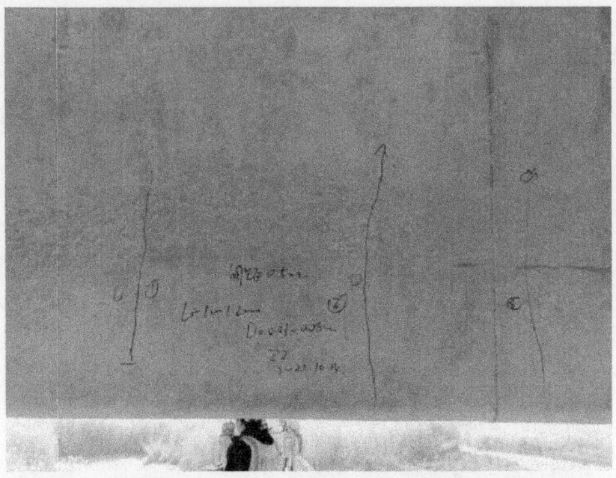

图 5-4　腹板竖向裂缝

图 5-5　腹板 U 形裂缝

图 5-6　腹板斜向裂缝

图 5-7　腹板 L 形裂缝

图 5-8　腹板纵向裂缝

图 5-9　底板纵向裂缝

图 5-10　右幅梁端抵死

图 5-11　湿接缝泛碱

图 5-12　横隔板竖向裂缝

图 5-13　横隔板泛碱

2）预制小箱梁整体滑移、落梁

整体性好是预制小箱梁桥体系的优势。但当车辆制动、冲击作用或地震、泥石流等偶然荷载作用使得小箱梁桥整体横向或纵向滑移，产生支座脱空、丧失有效支撑或部分支座缺失等情况时，小箱梁桥存在落梁风险，即为此类桥的致命病害。

形成整体滑移、落梁病害的早期特征为：

（1）一联桥伸缩缝一端挤死，而另一端则拉开较大。

（2）桥梁护栏或栏杆出现较大的横向、纵向或竖向错台。

（3）桥面线形异常，出现局部凹陷。

（4）箱梁桥支座脱空，丧失有效支撑。

5.3.3.4　T 梁重点关注内容

T 梁的常见病害包括网状裂缝、下缘受拉区裂缝、腹板竖向裂缝、腹板斜向裂缝、运梁不当引起的上部裂缝、梁侧水平裂缝、梁底纵向裂缝等。常见裂缝的类型、描述及图示见表 5-4。

表 5-4　T 梁桥的重点关注内容

序号	裂缝类型	描述	图示
1	网状裂缝	裂缝细小，宽度一般为 0.03～0.05mm，用手触及有凸起感觉。无固定规律。 多为混凝土收缩引起的表面龟裂	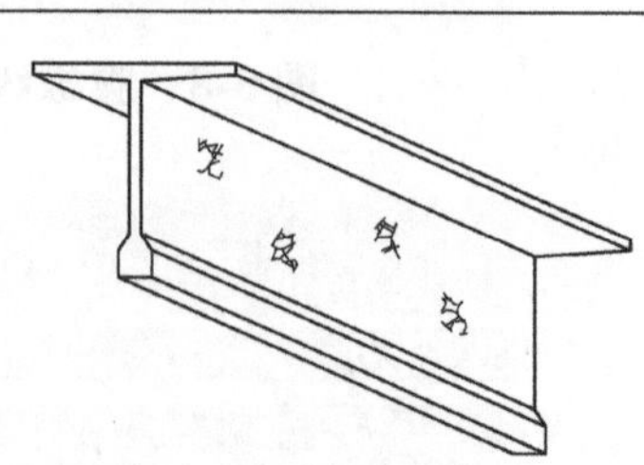
2	下缘受拉区裂缝	多发生于梁跨中部，梁跨度越大，裂缝越多。自下翼缘向上发展，至翼缘与梁肋相接处停止。 裂缝间距一般为 0.1～0.2m，宽度一般为 0.03～0.1mm。 多为混凝土收缩和梁受挠曲所产生的裂缝	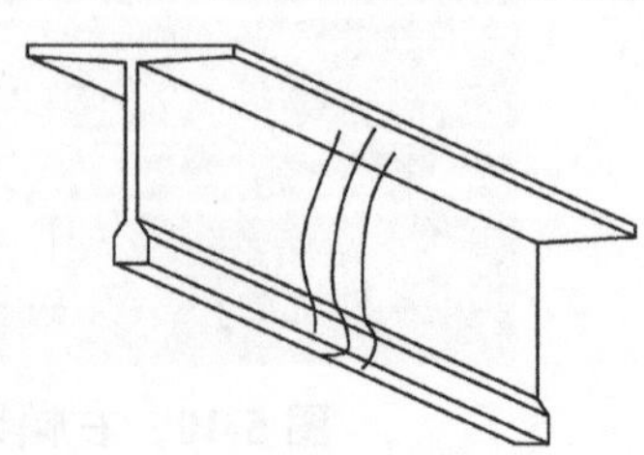

续上表

序号	裂缝类型	描述	图示
3	腹板竖向裂缝	为常见也较为严重的一种裂缝。当跨径大于12m时，腹板竖向裂缝多出现于薄腹部分，在梁的半高线附近裂缝宽度较大，一般在0.15~0.3mm。 多由设计不当、施工质量不良、养护不及时、温度及周围环境条件的不良影响所致	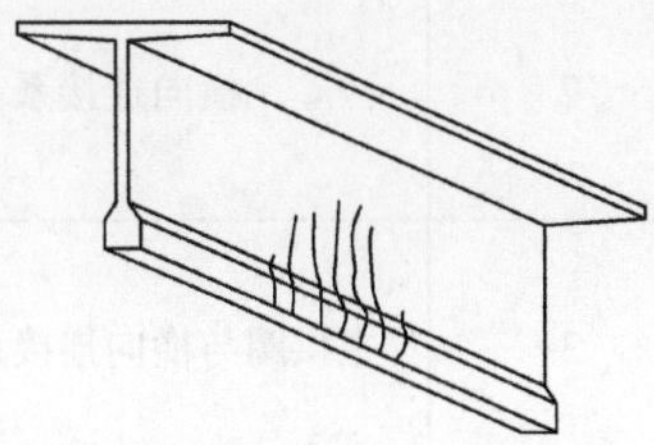
4	腹板斜向裂缝	是钢筋混凝土梁中出现最多的裂缝，多出现在跨中两侧。离跨中越远则倾角越大，反之较小，倾角大致在15°~45°范围内。第一道裂缝多出现在距支座0.5~1m处。裂缝宽度一般在0.3mm以下。 原因是设计上有缺陷，主拉应力比计算值大，混凝土不能负担而导致产生裂缝，施工质量不良又会加速裂缝的产生和发展	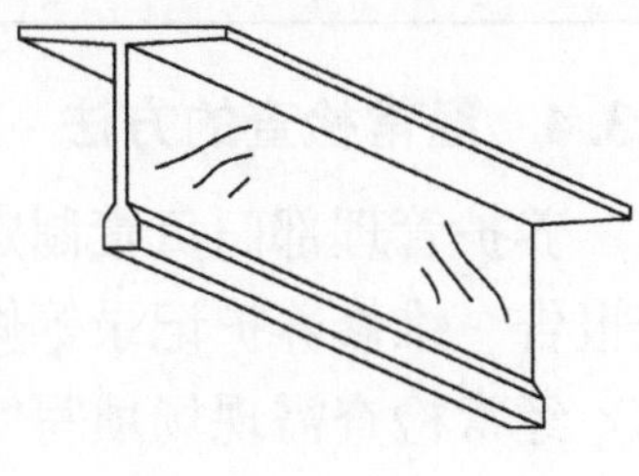
5	运梁不当引起的上部裂缝	运送梁时支撑点没有放在梁的两端吊点上，而是偏向跨中，使支撑点处上部出现负弯矩，从而引起开裂	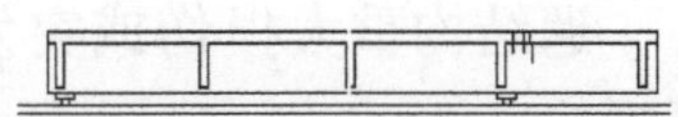
6	梁侧水平裂缝	为近似水平方向的层裂缝。 原因是施工不当、分层灌注、间隔时间太长	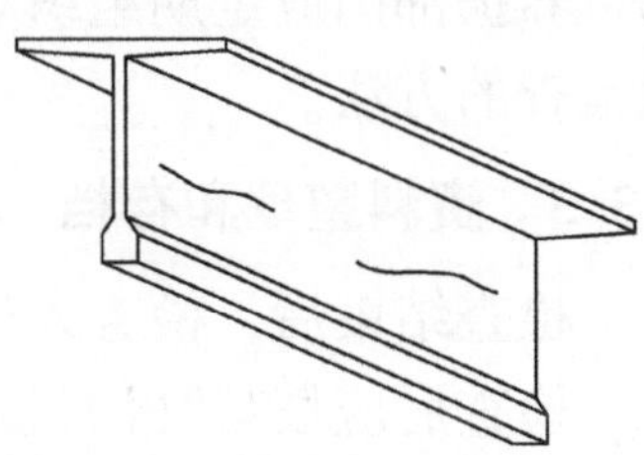
7	梁底纵向裂缝	为沿下翼缘主筋方向的裂缝。 原因是混凝土保护层过薄，或掺入氯盐类速凝剂。裂缝严重时，应予更换	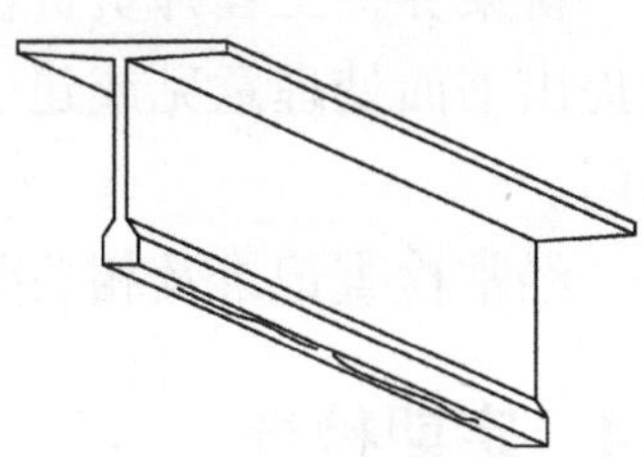

5.3.3.5 双曲拱重点关注内容

根据双曲拱的特点，总结重点关注内容，见表5-5。

表5-5 双曲拱桥上部结构重点关注内容

序号	桥梁部位	检查内容
1	主拱圈	(1)主拱圈是否存在变形。 (2)边拱肋是否有横移和外倾。 (3)是否存在渗水、锈蚀、混凝土松散情况。 (4)拱圈是否存在开裂、拱顶下沉、横向扭曲等情况。 (5)各拱肋间变形是否一致

续上表

序号	桥梁部位	检查内容
2	横向连接系	(1)是否存在扭曲。 (2)横向连接拉杆是否松动、开裂、变形。 (3)是否存在破损、裂缝等情况
3	主拱圈与横向连接系裂缝	(1)是否存在横向裂缝。 (2)拱波和拱肋结合部是否存在纵向裂缝。 (3)跨中截面拱波结合面是否存在环向裂缝
4	其他	其他需要检查的内容

5.3.4 经常检查的方法

养护管理部门负责制定桥梁每年经常检查实施方案，根据定期检查报告、特殊检查报告、维修养护记录等修订经常检查的内容，定期对经常检查结果进行分析。

经常检查需现场填写“桥梁经常检查记录表”，不得事后根据回忆补填。病害记录应准确无误。经常检查记录需及时上传至养护管理系统，不得补传。

遇结构重大损伤或突发事件，应立即报告养护部门值班领导和监控中心，不得延误。

养护部门应定期组织对经常检查人员的培训，使其熟悉业务内容和有关规定，掌握检查的方法。

5.3.5 资料整理和存档

检查结束后，检查人员应在当天及时整理检查记录表，并做好交接工作。

检查后应填写“经常检查病害汇总表”，并应形成月度经常检查报告。

桥梁养护工程师负责检查经常检查记录的规范性及完整性，并对发现的病害和问题提出书面处理意见或建议。如遇严重病害或重大问题，应及时上报主管领导及相关部门。

经常检查记录及相关附属资料应成册并规范化归档。

5.4 定期检查

5.4.1 一般规定

定期检查是对桥梁主体结构及其附属构造物的技术状况进行的全面检查及等级评定。它为桥梁养护管理系统搜集结构技术状态的动态数据，为评定桥梁使用功能和制定养护计划提供基本数据。

定期检查以目测观察结合仪器观测进行，必须接近构件仔细检查其缺损、功能和状态，确保桥梁安全、可靠、适用、耐久的服役要求。

定期检查周期应根据相关标准、规范、工作制度的要求以及桥梁技术状况确定。对于养护检查等级为Ⅱ、Ⅲ级的桥梁，定期检查周期不得超过3年。

定期检查应委托有相关资质和能力的专业检测机构承担。桥梁养护工程师负责定期检查的方案制定、过程监督、成果复核和评审工作。

定期检查前应制定详细的实施方案，方案中应明确相关实施人员资格条件及承担的工作。定期检查负责人应是桥梁专业，具有5年及以上工作经验及高级工程师职称，有丰富的桥梁专业技术知识和实践经验，且为注册桥梁检测工程师。其他主要检测人员应具有2年及以上相关工作经验，并持有相应的资格证书。

在检查中发现的构成重大结构隐患的病害，必须按照相应制度第一时间上报，并提出建议措施。若出现威胁结构安全的严重病害，应立即启动交通管制程序。

桥梁定期检查完成后，应由检测单位出具定期检查报告，定期检查报告应能真实、准确反映桥梁病害及技术状况。检查报告的编制必须遵守国家的政策、法规并执行交通运输部颁布的相关标准、规范、规定等。检查报告正式公布前，应由桥梁养护工程师对报告内容进行审查，对检查中存在的问题向检测单位提出意见和建议。

5.4.2 定期检查的方法

定期检查应结合仪器观测，必须接近各部件仔细检查其情况。定期检查的主要工作有：

(1)查阅有关技术资料、初始检测报告及历次定期检查报告，准确把握桥梁技术状况。

(2)现场校核桥梁基本数据，填写或补充完善"桥梁基本状况卡片"，见附录C。

(3)现场填写"桥梁定期检查记录表"，记录各部件缺损状况并给出技术状况评分。

(4)初步判断病害原因及影响范围，并与历次检测报告进行对比分析，说明病害发展情况并预测病害发展趋势。

(5)对桥梁永久观测点进行复核，对桥面高程及线形、变位等检测指标进行控制检测。

(6)对技术状况等级评定为4、5类的主要承重构件、病害原因和程度难以判断的构件，提出专项检测的要求。

(7)进行技术状况及耐久性评定，提出养护建议及下次检查时间，对损坏严重、危及安全运行的桥梁，提出限制交通、维修加固或改造重建的建议。

5.4.3 定期检查的内容

定期检查以目测为主，并应配备尺子、刻度放大镜、探查工具、现场的辅助器材与设备等必要的量测仪器，必须接近各部件(借助桥检车、支架、折叠梯、登高车、船舶等设备与工具)仔细检查其缺损状况。

对于上部结构和下部结构的病害，应采用记录表或便携式采集设备进行详细记录，还要在结构构件表面用彩色标记笔对病害进行标记，并拍照记录。对于结构性裂缝，应在结构表面沿裂缝方向标记裂缝方向、起始位置、裂缝长度和裂缝宽度等信息。

对于上部结构的检查，检查人员利用适当工具接近构件表面后，通过目视观察并借助直尺、卷尺、测距仪、裂缝观测仪、超声波仪等工具，确定病害的范围和程度。

如遇裂缝状况不明的情况，可借助超声波仪测试裂缝深度，或者在必要情况下用五金工具清除表层破损进行详细观察。

对于下部结构的检查，检查人员利用适当工具接近构件表面后，通过目视观察并借助直尺、卷尺、测距仪、裂缝观测仪、超声波仪等工具，确定病害的范围和程度。如遇裂缝状况不明的情况，可借助超声波仪测试裂缝深度，或者在必要情况下用五金工具清除表层破损进行详细观察。对于桥墩，宜采用水下机器人或派潜水员对水下构件进行检查。对于可能存在受冲刷情况的桥墩，应检查桥墩周围的冲刷情况，宜采用超声法测取桥位处河床断面图分析冲刷情况。

5.4.3.1　桥梁控制检测

根据《公路桥涵养护规范》(JTG 5120—2021)的要求，单孔跨径不小于60m的桥梁，应设立永久观测点，定期进行控制检测；单孔跨径小于60m的桥梁，检测中若发现结构存在异常变形，应进行相应的控制检测；特殊结构桥梁，宜根据养护、管理的需要，增加相应的控制检测项目。

结合《公路桥涵养护规范》(JTG 5120—2021)的要求，喀什河大桥、巩乃斯河特大桥单孔最大跨径均小于60m，如在后期发现结构存在异常变形，应按照要求进行控制检测。

5.4.3.2　主梁的检查内容

主梁的具体检查内容详见表5-6。

表5-6　主梁检查内容

部件	主要检查内容	重点检查内容
主梁	(1)主梁各构件有无开裂、渗水、蜂窝、麻面、剥落、掉角、空洞、孔洞、露筋及钢筋锈蚀等情况。 (2)混凝土是否存在局部网状开裂，主梁控制截面是否存在竖向、纵向、斜向裂缝。 (3)跨中挠度是否接近或大于限值。 (4)构件变形情况，横隔板等次要构件是否出现弯曲变形，线形有无明显变化，行车振动或摇晃是否明显，有无异常音。 (5)预应力构件损伤程度，锚头、钢绞线等有无明显缺陷、裂缝、变形等。 (6)梁体内有无积水、渗水，通风是否良好。 (7)梁体涂层是否破损、剥落。 (8)承重构件混凝土保护层厚度是否符合要求，对钢筋耐久性有无影响。 (9)钢筋锈蚀程度及混凝土碳化程度。 (10)梁内齿板有无开裂，钢绞线有无裸露、断丝等现象	(1)重点检查顶板、腹板、齿板封锚处、底板裂缝发展情况，是否存在延伸裂缝。 (2)检查跨中合龙段和边跨端部裂缝开展情况。 (3)检查各构件有无蜂窝、麻面、空洞、露筋、渗水、盐析等病害。 (4)检查桥梁跨中下挠程度。 (5)检查修补裂缝的开裂情况，是否存在裂缝继续发展的情况

箱梁检查位置应包括箱内顶板、箱内腹板、箱内横隔板、箱内齿板、箱外腹板、箱外翼板、箱外底板，如图5-14所示。

重点检查跨中、墩顶至四分之一跨之间的箱内腹板斜向裂缝发展变化，以及腹板与顶板倒角位置的纵向裂缝发展变化，观察有无新增及扩展。

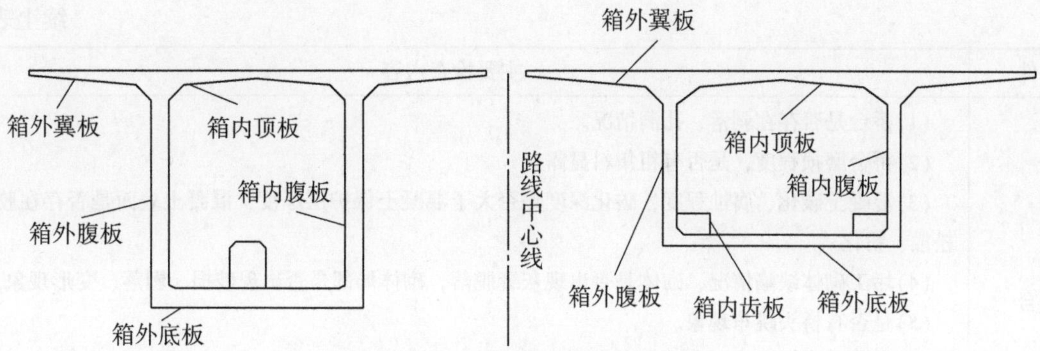

图 5-14 箱梁检查位置示意图

5.4.3.3 支座的检查内容

支座的具体检查内容详见表 5-7。

表 5-7 支座检查内容

部件	主要检查内容
支座	(1)钢支座组件及功能是否存在缺陷。 (2)钢支座是否存在位移、转角超限。 (3)钢支座部件是否存在磨损、裂缝。 (4)板式支座老化变质、开裂程度。 (5)板式支座缺陷情况，有无外鼓现象。 (6)板式支座位置有无串动、脱空或剪切超限情况。 (7)盆式支座组件损坏情况，盆式四角有无翘起、锈蚀、裂纹、掉角。钢件非主要受力部位是否出现脱焊，钢盆是否出现锈蚀并伴有剥落，盆底、盆环外其他部位是否开裂，底板是否产生变形。 (8)是否存在锚栓剪断情况。 (9)聚四氟乙烯滑板磨损程度。 (10)盆式支座位移、转角有无超限情况

5.4.3.4 墩台与基础的检查内容

墩台与基础的具体检查内容详见表 5-8。

表 5-8 墩台与基础检查内容

部件	主要检查内容
桥墩	(1)墩身是否存在蜂窝、麻面、剥落、露筋、孔洞情况。 (2)钢筋锈蚀程度。 (3)混凝土碳化、腐蚀程度，碳化深度是否大于混凝土保护层厚度，混凝土表面是否存在胶凝料松散、粉化，构件是否受强酸性液体或气体腐蚀或有冻融现象。 (4)混凝土磨损程度。 (5)圬工砌体缺陷情况，砌体是否出现灰缝脱落，砌体局部是否出现破损、剥落、变形现象。 (6)桥墩是否出现下沉、倾斜、滑动情况。 (7)墩身裂缝情况，是否存在网状裂缝、水平裂缝、竖向裂缝，缝宽是否超限，是否存在剪切破坏。 (8)不等高的墩盖梁上是否存在竖向裂缝。 (9)悬臂桥墩角隅处是否存在裂缝

续上表

部件	主要检查内容
桥台	(1)桥台是否存在剥落、孔洞情况。 (2)桥台磨损程度，是否有粗集料显露。 (3)混凝土碳化、腐蚀程度，碳化深度是否大于混凝土保护层厚度，混凝土表面是否存在胶凝料松散、粉化。 (4)圬工砌体缺陷情况，砌体是否出现灰缝脱落，砌体局部是否出现破损、剥落、变形现象。 (5)是否有桥头跳车现象。 (6)台背排水情况。 (7)桥台是否出现下沉、倾斜、滑动，台背填土是否有沉降裂缝或挤压隆起现象。 (8)是否有网状裂缝，或从基础向上发展至台身的裂缝，或台身水平裂缝，或翼墙和前墙断裂的裂缝，或镶面石突出的裂缝；裂缝是否超限
墩台基础	(1)基础有无冲蚀、外露，冲刷深度是否大于设计值。 (2)承台是否出现剥落、露筋、锈蚀现象。 (3)基础或承台是否有磨损、腐蚀、缩颈、露筋或环状冻裂现象，桩基顶面是否出现空洞。 (4)河底铺砌损坏情况。 (5)是否出现沉降现象，沉降量是否超出规范值。 (6)基础是否出现滑移或倾斜，是否导致支座和承台支撑面破坏，或伸缩装置破坏、接缝缩小，或前墙破坏。 (7)是否出现结构应力异常，是否出现剪切裂缝，缝宽是否超限
河床	河床堵塞、冲刷、变迁情况
调治构造物	(1)构造物是否存在断裂，或砌体松动、鼓肚、凹陷，或灰浆脱落情况。 (2)是否需要设置但没有设置调治构造物。 (3)冲刷、变形情况，边坡是否出现下滑，基础局部是否冲空，构造物是否出现下沉、倾斜、塌陷现象

5.4.3.5 桥面系的检查内容

桥面系的具体检查内容详见表5-9。

表5-9 桥面系检查内容

部件	主要检查内容
桥面铺装	(1)是否出现变形(车辙、拥包、高低不平等)现象。 (2)泛油情况。 (3)破损程度，是否存在松散、露骨、坑槽现象。 (4)裂缝情况，是否出现局部龟裂、散落、支缝、块裂现象。 (5)是否出现磨光、脱皮、露骨情况。 (6)接缝是否出现高差、边角剥落现象。 (7)是否存在坑洞情况。 (8)接缝两侧是否出现抬高、拱起情况。 (9)接缝处填料是否存在老化、漏水、剥落、脱空、被杂物填塞情况。 (10)裂缝程度，是否存在横向、纵向、斜向裂缝，裂缝是否贯通或板角处裂缝与纵横接缝相交

续上表

部件	主要检查内容
伸缩缝装置	(1)伸缩缝凹凸不平程度。 (2)锚固区缺陷情况，锚固构件是否松动，锚固螺栓有无松脱，混凝土有无损伤。 (3)锚固构件是否缺失，焊缝是否开裂、断裂，橡胶条是否损坏、老化、剥离。 (4)是否存在由于上层槽口堵塞、卡死等原因造成的伸缩缝异常，车辆行驶时是否出现冲击和噪声现象
栏杆护栏	(1)是否存在受到车辆冲撞，或构件脱落、缺失现象。 (2)构件是否存在蜂窝麻面、剥落、锈蚀、裂缝、变形、错位等现象
防排水系统	(1)桥下是否出现漏水情况，桥台支撑面、翼墙面等平面是否受到污水污染。 (2)泄水管、引水槽、排水孔是否堵塞，排水设施构件是否破损、缺失、管道脱落
照明标志	(1)设施是否松动、锈蚀、损坏，标志是否污损、不清。 (2)标志是否脱落、缺失，需要设置标志的位置是否有相应标志

5.4.4 报告整理与存档

定期检查正式报告应在当年检查工作完成后3个月内提交，并于每年12月25日之前完成统一归档。

桥梁养护工程师负责检查定期检查报告的规范性及完整性，并对发现的病害和问题提出书面处理意见或建议。如遇严重病害或重大问题，应及时上报主管领导及相关部门。

定期检查完成后，应提交下列文件：

(1)桥梁定期检查记录表。每次检查的现场记录均应及时填写、整理。

(2)典型病害的照片及说明。病害状况的描述包含病害的部位、范围、数量和程度等，应采用专业术语描述。

(3)永久观测点观测结果，快速检测仪器检测结果。

(4)两套总体照片(包括正面和侧立面)。

(5)桥梁基本状况卡片。定期检查完成后，应将本次检查的桥梁各部件技术状况评定结果登记在桥梁基本状况卡片内，并进行桥梁状况评定。

(6)定期检查结束后，将检查结果录入桥梁管理系统。

(7)提交定期检查报告。应包括下列内容：

①定期检查报告封面。应有检查工程的名称、检查单位名称、委托方名称、检查报告编制单位、编制日期等信息。

②项目概况。对大桥的基本概况进行描述，主要内容需包括工程概况、以往检查情况叙述等。

③检查目的。详细说明实施定期检查的目的。

④检查方法。详细说明所使用的检查方法。对结构的检测方法包括混凝土强度检测、混凝土碳化深度检测、钢筋位置及混凝土保护层厚度检测。对水下构件的检测方

法包括对水下桩基混凝土脱落、裂纹、露筋、空洞、机械损伤等病害的探查。承载能力鉴定为通过鉴定承载能力，判定现阶段桥梁的承载能力能否满足设计要求。布设永久性监测点，并开展观测。

⑤检查内容。可以分为上部结构、下部结构、附属结构进行叙述。上部结构检查内容包括梁体混凝土强度、混凝土碳化深度和梁体裂缝状况及分布规律等。下部结构检查内容包括墩台裂缝状况及分布规律、剥落、开裂、错位、下沉、水平位移或转动等情况。桥面系检查内容包括桥面铺装有无裂缝、剥落、洼地积水、坑槽、波浪和鼓包，人行道及路缘石有无剥落、破损，栏杆系有无撞击损坏、松动、开裂、下挠、上拱、歪斜及构件混凝土开裂，排水设施有无破损、堵塞和漏水，伸缩缝有无破损以及其功能是否正常等。桥梁支座检查内容包括支座功能是否完好、组件是否完整与清洁，底座、梁底混凝土是否碎裂，有无断裂、错位和脱空现象，橡胶支座是否老化、变形、失效等。

⑥检查评定的依据。详细说明检查完成后所得到的评定结果的评定依据。

⑦监测数据分析。结合监测数据提出检查结果，并依据人工检查数据判断监测数据的准确性。

⑧检查结果。检查结果主要包括桥梁定期检查记录表、桥梁基本状况卡片以及两套总体照片、桥梁技术状况评价结果、桥梁病害统计汇总、病害成因及维修养护建议、桥梁需大中修的建议、要求进行特殊检查的构造部件和桥梁的报告、桥梁需限制交通的建议。

⑨检查结论。提出总体的检查结论。

5.5 特殊检查

5.5.1 一般规定

特殊检查是为查明桥梁主要构件的病害原因、损坏程度、结构安全性能以及耐久性开展的针对性检查，包括专门检查和应急检查。专门检查是根据经常检查和定期检查结果，对需要进一步判明损坏原因、缺损程度而进行的现场试验检测、验算与分析等。应急检查是在遭受灾害性损伤后进行的详细检查和鉴定。

桥梁的特殊检查应委托有相应资质和业绩的单位承担。

实施特殊检查前，应充分收集桥梁设计资料、竣工资料、材料试验报告、施工资料、历年检查报告及维修资料等，并现场复核。

5.5.2 检查要求

5.5.2.1 专门检查要求

专门检查以仪器测试为主，必须接近被检测部位，仔细勘测缺损及测试性能。专门检查应根据检查目的、破损状况和性质，采用仪器设备进行现场测试、荷载试验及其他辅助试验，针对桥梁现状进行分析检算，形成评定结论，提出措施建议。

出现以下情况时应做专门检查：

(1)在定期检查中难以判明构件损伤原因及程度。

(2)导致桥梁整体受力较大改变的桥梁养护工程。

(3)定期检查中发现存在评定技术状况等级为4类、5类的构件或存在加速退化的桥梁构件。

(4)需要进一步判断桥梁构件的使用功能状态。

(5)拟通过加固手段提高荷载等级时。

(6)在正常使用期间周期性进行专门检查。

专门检查应包括以下内容：

(1)检查桥梁结构构件缺损状况。包括对材料物理、化学性能退化程度及原因的测试，对结构或构件开裂状态的检测，对预应力结构有效预应力值的检测。可根据检测要求和缺损的类型、位置，选择表面测量、无破损检测和局部取样等有效、可靠的方法。试样应在有代表性构件的次要部位获取。

(2)桥梁病害跟踪监测。对定期检查中发现的较严重的裂缝或开裂、下挠等病害，应进行相应的跟踪观测，确定其发展程度。

(3)桥梁承载能力检测。包括对结构强度、稳定性和刚度的分析检算、荷载试验。桥梁结构验算及承载力试验应按国家及行业现行有关标准和技术规范执行。

(4)桥梁抗灾害能力检测。包括对桥梁抵抗洪水、地震、撞击、风灾、火灾及其他灾害能力的检测。桥梁抗灾害能力检测一般采取现场检测与验算的方法，亦可进行模拟试验。

(5)现场填写“桥梁专项检测记录表”。

可参考表5-10确定专门检查项目。

表5-10　专门检查项目

检查类型		检查项目
专门检查	在定期检查中难以判明构件损伤原因及程度	针对具体病害，研究确定所需要的试验项目
	包含技术状况评定为4类、5类的构件或存在加速退化的桥梁构件	(1)测试混凝土碳化深度、混凝土强度、氯离子含量、钢筋锈蚀等项目，掌握混凝土结构耐久性能。 (2)宜利用荷载试验查明桥梁承载能力。 (3)针对具体病害，研究确定其他需要检测的项目
	拟通过加固手段提高荷载等级时	(1)必要时开展荷载试验，查明桥梁的承载能力。 (2)针对具体病害，研究确定其他需要检测的项目
	每隔一定周期的专门检查	(1)测试混凝土碳化深度、混凝土强度、氯离子含量、钢筋锈蚀等项目，掌握混凝土结构耐久性能。 (2)条件允许时，宜利用荷载试验查明桥梁承载能力。 (3)针对具体病害，研究确定其他需要检测的项目

5.5.2.2 应急检查要求

应急检查是桥梁经受地震、洪水、风灾、火灾、撞击以及超重车辆通过或其他异常等突发性事件后对桥梁结构进行的功能性检查，目的是辨别、鉴定桥梁是否满足安全运营的要求。

在突发事件发生后，除了进行应急检查之外，还宜根据实际情况进行延续一段时间的检查和监测。

应急检查应首先进行现场勘查。根据桥梁是否破损，必要时采用专门的仪器设备或试验等特殊手段和科学分析方法，查明桥梁病害原因、破损程度和承载能力，以便采取相应的加固、改造措施。应急检查由桥梁养护工程师主持，应委托有资质的桥梁检测单位实施。

5.5.3 报告整理和存档

特殊检查的正式报告应在检查工作完成后两个月内提交，并及时归档。

桥梁养护工程师负责检查特殊检查报告的规范性及完整性，并对发现的问题和不足提出意见或建议。

特殊检查完成后应按要求填写“特殊检查记录表”。

特殊检查报告可根据任务书或委托合同的具体要求编写，应至少包括下列主要内容：

(1)概述检查的总体情况，包括桥梁的基本情况、检测的组织、时间、背景和工作过程等。

(2)描述目前的桥梁技术状况，包括现场调查、检测与试验的项目及办法。

(3)详细叙述检测部位的损坏程度及原因。

(4)桥梁结构及材料缺损状况评定结果，承载能力评定结果，抗灾害能力评定结果和桥梁技术状况评定等级。

(5)结构部件和总体的维修、加固或改建的建议方案。

5.6 桥梁评定

5.6.1 技术状况评定

桥梁技术状况评定依据桥梁初始检测、定期检测资料，通过对桥梁各部件技术状况的综合评定，确定桥梁的技术状况等级，提出养护措施。具体评定指标及评定方法按现行《公路桥梁技术状况评定标准》(JTG/T H21)执行。

5.6.2 承载能力评定

承载能力评定可采用分析检算或荷载试验方法。分析检算方法可按现行《公路桥梁承载能力检测评定规程》(JTG/T J21)执行，荷载试验方法可按现行《公路桥梁荷载试验规程》(JTG/T J21-01)执行。

5.6.3 其他评定

其他评定可结合有关科研成果及标准，委托有能力单位进行评定。

6 养护措施

6.1 一般规定

公路桥梁养护工作应按“预防为主，防治结合”的原则，以桥面养护为中心，以承重部件为重点，加强全面养护。

技术简单的预防性养护和修复性养护的小修，宜由管养单位或委托长期服务的技术单位负责实施。

技术复杂的预防性养护、修复性养护中的中修、大修、专项养护或资金规模超过有关规定限额的工程，应按国家招投标相关法律法规委托有资质的单位实施。

养护工程完成后，桥梁技术状况应恢复到2类及以上。

宜根据桥梁的结构特点、运行环境与结构性能劣化规律等情况，结合相关检查成果，合理编制桥梁养护规划，科学安排近、中、长期的养护项目与养护资金，在养护规划的指导下开展养护工作。

桥梁养护工程实施前，应制定安全及通行保障计划，并得到相关部门的批准。

6.2 养护对策

桥梁主要构件的养护对策可参照表6-1执行。

表6-1 主要构件养护对策

部件	构件	典型病害	养护类别		
			预防	修复	应急
上部结构	主梁	锚固区涂层劣化	√	√	
		混凝土表观缺陷		√	
		混凝土锚固区开裂破损		√	
	支座	支座钢构件涂层劣化	√		
		支座钢构件锈蚀		√	
		支座螺栓松动	√		
		支座垫石破损		√	
		支座功能损失		√	
		支座到达使用寿命		√	

续上表

部件	构件	典型病害	养护类别		
			预防	修复	应急
下部结构	桥墩	桥墩杂物	√		
		桥墩混凝土劣化		√	
		桥墩不均匀沉降		√	
桥面系	桥面铺装	使用性能下降	√		
		沥青混凝土桥面铺装劣化		√	
	护栏	护栏污损	√		
		护栏及风障功能损失		√	
		护栏事故性损毁		√	
	伸缩装置	伸缩装置堵塞	√		
		过车时伸缩装置异响	√		
		锚固区混凝土开裂、破损		√	
		伸缩装置组件损毁或断裂		√	
		伸缩装置到达使用寿命		√	
		伸缩装置功能严重损失		√	
	排水系统	排水系统堵塞	√	√	
		排水系统损毁、变形		√	

6.3 预防性养护

预防性养护是指公路整体性能良好但有轻微病害，为延缓病害发展和结构性能衰减过快、延长使用寿命而采取的主动养护工程。

预防性养护的经济性与有效性，很大程度上取决于采取预防性养护措施的时机。对于时机的选择，目前存在多种方法，考虑到相关方法的成熟性、可操作性、桥梁的复杂性，本手册对预防性养护时机的选择采取以基于周期的预防性养护为主和以基于性能指标的预防性养护为辅的机制。基于周期的预防性养护就是对桥梁进行定时维护。按照该维护策略，暂不考虑桥梁构件的性能退化状况，仅按照规定的时间间隔对其进行维护。当桥梁构件的性能指标降低到一定水平，采取措施，称为基于性能指标的预防性养护。该策略通过构件性能状态来确定养护时间，维护时间是不确定的，需要根据其技术状态来判断。

6.3.1 主梁预防性养护

6.3.1.1 空心板梁预防性养护

空心板梁出现以下情况时，应采取预防性养护措施：

(1)板梁出现大面积网状裂缝，或出现较多横向裂缝，或顺主筋与波纹管方向出现纵向裂缝，或出现斜向裂缝、水平裂缝、竖向裂缝等，且缝宽未超限时。

(2)板底铰缝局部渗水泛白或渗水范围占该铰缝长度的臂力超过20%，或铰缝对应位置处的桥面铺装出现纵向裂缝时。

(3)空心板内有积水。

梁板的预防性养护措施包括裂缝封闭灌浆处理、排放内部积水、设置梁底板排水孔等。

铰缝的预防性养护措施包括注浆加固修复、铰缝重做、施加横向预应力或其他增强整体受力性能的方法。

6.3.1.2 混凝土T梁、小箱梁预防性养护

混凝土T梁、小箱梁出现以下情况时，应采取预防性养护措施：

(1)T梁或小箱梁出现大面积网状裂缝，或出现较多横向裂缝，或顺主筋与波纹管方向出现纵向裂缝，或出现斜向裂缝、水平裂缝、竖向裂缝等，且缝宽未超限时。

(2)横向联系结构出现超限裂缝或连接钢板脱焊之前。

(3)小箱梁内有积水。

主梁预防性养护措施包括裂缝封闭灌浆处理、排放小箱梁箱内积水、设置底板排水孔等。

横向联系结构可采用的预防性养护措施包括增加桥面补强层法、加固横隔板法等。

6.3.1.3 混凝土拱预防性养护

混凝土拱主拱圈出现少量横向裂缝且横向裂缝缝长≤截面尺寸的1/8、缝宽≤0.1mm时，以及出现纵向裂缝时，应进行预防性养护。

混凝土拱预防性养护措施主要包括裂缝封闭、灌浆处理等。

6.3.2 支座预防性养护

支座预防性养护内容包括支座的清洁和保养。实施预防性养护的要求与频率应符合表6-2的规定。

表6-2 支座预防性养护的基本要求与频率

部件	预防性养护内容	基本要求	频率
支座	清洁	支座清洁可采用人工清理的方法，对支座表面及周围的灰尘、垃圾、杂物等进行清扫。对容易遭受污染、积灰的支座，可增设防尘罩	结合年度养护工程进行，建议每年不少于1次
	保养	(1)对支座涂油之前，应先清洁滚动面或滑动面。 (2)涂覆油脂时，应防止支座的橡胶部分与油脂接触。 (3)支座钢构件均应除锈、防腐，但不锈钢滑动面和铰轴不得涂漆。 (4)对支座螺栓、螺母进行防腐处理时，应先松动、清洁并上油	结合年度养护工程进行，建议支座除锈的频率为每年不少于1次

6.3.3 墩台、基础预防性养护

墩台、基础预防性养护内容包括结构表面的清理和墩顶杂物的清理。实施预防性养护的要求与频率应符合表6-3的规定。

表 6-3 墩台、基础预防性养护的基本要求与频率

部件	预防性养护内容	基本要求	频率
墩台	清理污物	(1)清除桥墩、桥台、承台表面的青苔、杂草、灌木和污物。 (2)清除桥墩顶部或盖梁顶部的普通垃圾	结合年度养护工程进行，建议每年不少于1次
基础	检查冲淤变化幅度	重点关注冲刷突然加剧的桥墩	及时发现，及时处理

6.3.4 桥面系及附属设施预防性养护

6.3.4.1 桥面铺装预防性养护

桥面铺装预防性养护应在铺装层没有发生损坏或存在轻微缺陷与病害迹象时实施，预防性养护的时机应符合下列基本要求：

①桥面铺装经过 2~4 年的正常使用，没有明显病害，技术状况良好。

②桥面铺装抗滑能力下降，抗滑性能指数 SRI<90 时。

③桥面铺装存在如表 6-4 所示的损坏类型和严重程度的病害时。

表 6-4 应进行预防性养护的桥面铺装损坏类型和严重程度

损坏类型		严重程度	评价标准
破损类	不规则裂缝	缝细，缝壁不散落或轻微散落	缝宽<1mm
	纵缝	缝壁无散落或轻微散落，无或少支缝	缝宽<3mm
	横缝	缝壁无散落或轻微散落，无或少支缝	缝宽<3mm
变形类	车辙	变形较轻微	深度<10mm
其他类	磨光	铺装原有构造深度衰退或丧失，路表光滑	—
	麻面	细小嵌缝料散失，出现粗麻表面	—
	松散	细集料散失，路表粗麻，渗水系数增大	—
	泛油	铺装表面呈现沥青膜、发亮、镜面，有轮印	—

实施桥面铺装预防性养护前，宜进行养护决策。桥面铺装预防性养护决策流程图如图 6-1 所示。

沥青路面常用的预防性养护措施包括：裂缝填封，稀浆封层，微表处，石屑封层，开普封层，车辙填补，薄层罩面，超薄磨耗层等。裂缝填封用于封缝防水，防止路面裂缝进一步扩展，适用于处理张开到一定程度、能够肉眼辨别的单条裂缝；表面封层类技术是最为常用的道路养护手段，以连续方式在整个路表敷设养护层，封层材料可以是沥青或其他封层剂，也可以是沥青与集料组成的混合料。表面封层可延缓铺装层氧化，密封表面的微小裂缝，防止水进入路面结构层内部等。最常用的表面封层技术包括雾封层、稀浆封层、微表处等。车辙填补、薄层罩面及超薄磨耗层等是在原路面上加铺热拌沥青混凝土薄层。

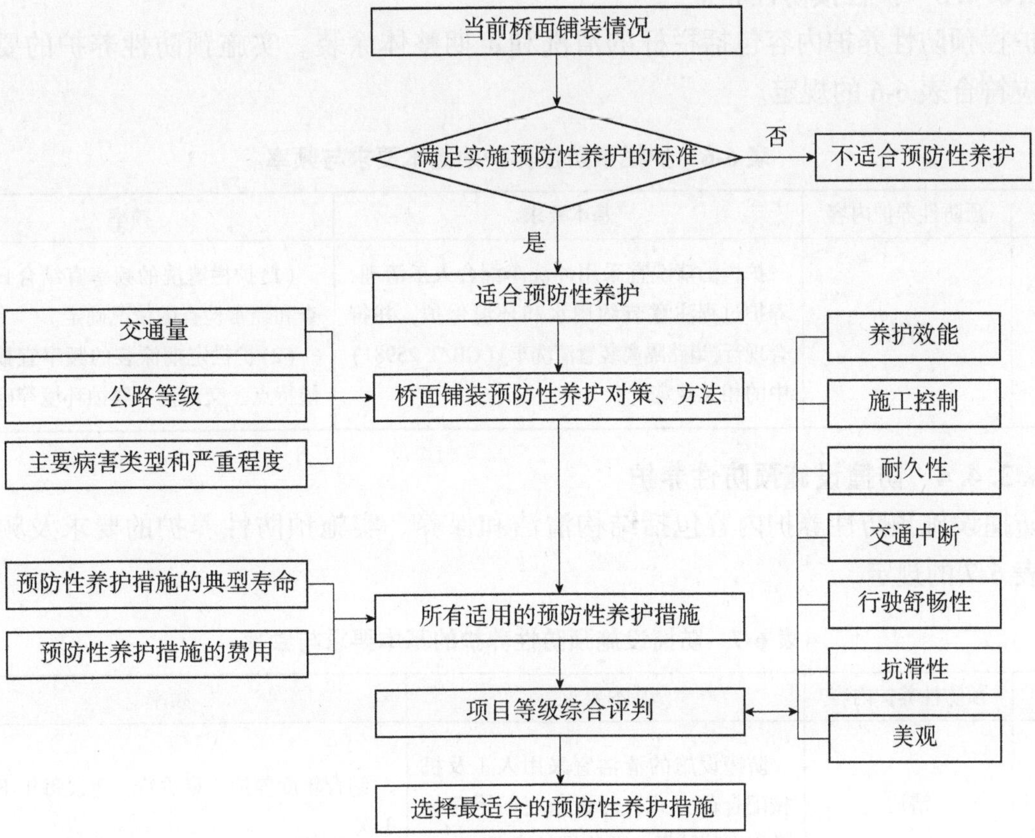

图 6-1　桥面铺装预防性养护决策流程

6.3.4.2　伸缩缝预防性养护

伸缩预防性养护内容包括伸缩缝的清洁和保养。实施预防性养护的要求及频率应符合表 6-5 的规定。

表 6-5　伸缩缝预防性养护的基本要求与频率

部件	预防性养护内容	基本要求	频率
伸缩缝	清理	伸缩装置的清洁宜采用机械冲洗或人工清理，对清理出的缝间杂物进行妥善收集并集中处理。养护过程注意节约用水和环境保护	结合年度养护工程进行，建议每年不少于 1 次
	模数式伸缩装置保养	(1)对型钢、支撑架螺栓、螺母等钢构件进行除锈、防腐涂装。 (2)紧固松动的支撑架螺栓、螺母。 (3)修复槽区混凝土的轻微损坏、裂痕、间隙等病害。 (4)及时复位脱落的密封胶条。 (5)经常清扫、擦拭支承梁不锈钢表面，定期涂硅脂	(1)日常保养宜结合巡查与经常检查进行。当在伸缩装置巡查与经常检查中发现轻微病害时，应及时进行保养。 (2)定期保养宜结合定期检查工作进行。每年定期检查结束后，应对伸缩装置进行一次全面的保养

6.3.4.3 护栏预防性养护

护栏预防性养护内容包括栏杆的清洗和定期整体涂装。实施预防性养护的要求及频率应符合表 6-6 的规定。

表 6-6 护栏预防性养护的基本要求与频率

部件	预防性养护内容	基本要求	频率
护栏	清洁	护栏的清洗宜采用冲洗车配合人工清理，养护过程注意节约用水和环境保护，并符合现行《道路隔离装置清洗车》(GB/T 25981)中的相关规定	(1)护栏清洗的频率宜结合日常巡查和经常检查的情况确定。 (2)护栏定期涂装的频率宜根据气候特点、交通量、腐蚀环境等确定

6.3.4.4 防撞设施预防性养护

防撞设施预防性养护内容包括结构清洁和保养。实施预防性养护的要求及频率应符合表 6-7 的规定。

表 6-7 防撞设施预防性养护的基本要求与频率

部件	预防性养护内容	基本要求	频率
防撞设施	清洁	防撞设施的清洁宜采用人工及机械配合的方式，对设施表面附着物及周围的垃圾、杂物进行清理	结合年度养护工程进行，建议每年不少于1次
	保养	涂漆、润滑与螺栓紧固	(1)钢制防撞设施的涂漆与连接螺栓紧固，每年1次。 (2)浮式防撞设施沿桥墩表面滑动组件的润滑，每年不少于1次

6.4 修复性养护

修复性养护是指出现明显病害或部分丧失服务功能，为恢复技术状况而进行的功能性、结构性修复或定期更换，包括大修、中修、小修。

实施修复性养护的时机应宜结合桥梁检查工作确定，并符合下列基本要求：

(1)在经常检查中发现明显病害或缺陷时，应及时进行修复。

(2)每次定期检查结束后，应对桥梁主要病害进行统计汇总，并组织一次全面的修复，修复范围、数量、内容应结合实际情况确定。

6.4.1 主梁修复性养护

主梁修复性养护包括混凝土主梁的修复以及主梁预应力钢束锚固区的修复，主要针对如表 6-8 所示病害。

表 6-8 主梁修复性养护的主要病害类型

部件/构件	病害
主梁	(1)混凝土出现裂缝、剥落、渗水等现象。 (2)混凝土防护涂层劣化
预应力钢束锚固区	(1)锚固区混凝土出现裂缝、剥落、渗水。 (2)出现沿预应力筋的混凝土表面纵向裂缝

6.4.2 支座修复性养护

支座修复性养护的基本要求与频率见表 6-9。

表 6-9 支座修复性养护的基本要求与频率

部件/构件	基本要求	频率
支座	(1)超过预防性养护处置范围的病害或损伤。 (2)支座局部构件或单元明显损坏、缺失，对支座使用性能有部分影响。 (3)支座垫石混凝土有较大范围破损、开裂	(1)支座的修复性养护宜结合定期检查工作进行。每年定期检查结束后，宜对支座进行一次全面的修复性养护。 (2)发生地震、船撞等突发事件后，应对支座进行检查。如发现损伤，应及时进行修复性养护
盆式橡胶支座	(1)对剪断的支座锚栓及时进行修复和更换。 (2)支座滑板有滑出现象时，应拆除橡胶密封圈并复位。 (3)当支座高度变化超过 3mm 或滑板外露高度小于 0.5mm 时，应进一步检查支座滑板的状况，磨损严重时应更换。 (4)当支座位移超限或支座相对位移不均匀时，应分析原因并进行处治	

6.4.3 墩台、基础修复性养护

墩台、基础修复性养护包括墩台结构的修复、基础的修复和基底河床修复等。墩台和基础修复性养护的时机应宜结合桥梁检查工作确定，并符合下列基本要求：

(1)在墩台和基础经常检查中发现明显病害或缺陷时，应及时修复。

(2)每次定期检查结束后，应对墩台和基础主要病害进行统计汇总，并组织一次全面的修复，修复范围、数量、内容应结合实际情况确定。

(3)基底河床的修复应结合桥梁冲刷和河床测量等专项检测结果确定。

墩台、基础修复性养护的要求见表 6-10~表 6-12。

表 6-10 墩台修复性养护的基本要求

部件/构件	修复内容	基本要求
墩台	结构性裂缝	(1)墩台结构性裂缝的修复应符合下列基本要求： ①活动支座失灵造成墩台拉裂时，应处理裂缝，并修复或更换支座。 ②对于基础不均匀沉降产生的裂缝，应先采用预应力法、纤维织物法、扩大体积法、钢板法等方法加固基础，再对桥墩裂缝进行处置。 ③若裂缝已贯通墩台，可用钢筋混凝土围带或钢箍加固墩台。 (2)墩台抗震设施损坏时，应及时修复或改造。 (3)墩台发生异常变位时，应及时进行检测评估，根据评估结果及病害影响程度进行加固处治

表 6-11　基础修复性养护要求

部件/构件	基本要求
基础	(1)当基础出现下列病害或损伤时，应进行基础的维修或加固： ①混凝土桩基础存在颈缩、露筋、钢筋锈蚀等缺陷。 ②基础出现较大缺损、异常变位或承载力不足时。 (2)基础冲刷超过设计深度、基底投影面积局部冲空超过 10%或基础防护出现破损时，应进行专项评估，并采取修复措施。 (3)基础的允许变位超出设计规定值

表 6-12　基底河床修复性养护要求

部件/构件	基本要求
河床	(1)当出现基础冲刷超过设计允许值、河床铺砌损坏等，应及时采取措施保持桥墩基础附近河床的稳定。 (2)每次洪水过后，应及时清理河床上的漂浮物，使水流顺利宣泄。 (3)因抢险、防汛需要修筑堤坝、压缩或拓宽河床时，应经过专家论证并采取有效的防护措施

6.4.4　桥面系及附属设施修复性养护

6.4.4.1　桥面铺装修复性养护

桥面铺装修复性养护应符合下列基本要求：

(1)桥面铺装修复应充分考虑结构特点、交通状况、环境气候条件、材料运输距离、施工作业条件，并结合相同或相似桥梁的经验，进行铺装修复设计。

(2)进行修复作业时，除必要机具外，下层工作面施工时其他车辆和机具不得通行；修复后的铺装应达到设计规定的养护时间后方可开放交通。

(3)大面积铺装修复宜采用机械化作业，不宜采用人工进行拌和、摊铺作业。

根据桥面铺装修复性养护实施时间、范围、工作内容的不同，可分为铺装中修工程和铺装大修工程。实施中修和大修的年限应符合下列规定：

(1)应根据桥面铺装技术状况和使用性能要求确定开展中、大修的时机。

(2)在缺乏相关标准和决策依据时，桥面铺装进行中修的时间可为运营后 4~6 年，进行大修工程的时间可为运营后 10~15 年。

6.4.4.2　伸缩缝修复性养护

模数式伸缩装置的修复性养护应符合下列基本要求：

(1)对于有检修条件的模数式伸缩装置，中梁钢与支承横梁连接吊架松动的螺栓、螺母应逐个拧紧，损坏的压紧支座和承压支座应逐个更换。更换后的承压支座和压紧支座不应有超压变形现象。

(2)位移控制系统剪切弹簧吊架固定螺栓松动的应逐个拧紧。

(3)压缩弹簧和剪切弹簧损坏的应逐个更换。更换后的位移弹簧不应有外鼓和初始剪切变形现象。

(4)中梁钢断裂未断开的，应及时修复、补焊。断开但可修复的，应将断开的异型钢重新就位、对接、焊接，使其恢复正常工作。

(5)构造连接部位脱焊的，应通过补焊恢复正常状态。

(6)伸缩装置防腐涂装脱落的，可每2年重新涂装一次。

满足下列条件时，应进行桥梁伸缩装置的整体更换：

(1)伸缩装置达到国家、行业标准或产品使用说明书中规定的使用寿命时。

(2)伸缩装置整体或局部构件出现严重损坏，装置不能正常变形及转动，经专项检测和评估后认为需要整体更换时。

更换伸缩装置时，宜选择梳齿板式、模数式等技术先进的伸缩装置，伸缩量应满足桥跨结构变形需要，更换前应进行缩缝定位检算。

6.4.4.3 护栏修复性养护

水泥混凝土护栏修复性养护应符合下列基本要求：

(1)水泥混凝土护栏上的明显裂缝、破损、掉角等病害应及时修补。

(2)护栏钢筋、预埋钢构件存在锈胀、露筋等病害时，应除锈和修复。

(3)护栏基础应牢固、稳定，表面无明显开裂、破损，发现病害应及时修补；护栏与基础的连接应紧密、稳定。

6.5 专项养护

专项养护是指为恢复、保持或提升公路服务功能而集中实施的完善增设、加固改造、拆除重建、灾后恢复等工程，针对阶段性重点工作实施的专项公路养护治理项目。

6.6 应急养护

应急养护是指在突发情况下造成公路损毁、中断、产生重大安全隐患等，为较快恢复公路安全通行能力而实施的应急性抢通、保通、抢修。

7 典型病害与处治

7.1 易损构件典型病害与处治

7.1.1 桥面铺装系典型病害与处治

桥面铺装典型病害与处治见表 7-1。

表 7-1 桥面铺装典型病害与处治

序号	名称	描述	典型照片
1	车辙	表现：车辙是铺装层在车辆轮载重复行驶下逐渐形成的永久变形，主要表现为铺装层表面在行车道的轮迹带上出现纵向沉陷。 原因：沥青面层在行车荷载反复作用下进一步压密而产生；沥青混合料在高温时的强度不足以抵抗重轮荷载的反复作用，轮下部分沥青混合料产生剪切变形，逐渐被压挤到两侧，使两侧的沥青面层鼓起，产生侧向流动。 检查重点：车辙深度和范围。 处治方案：情况严重时，铣刨重铺	
2	拥包	表现：铺装表面的局部隆起。 原因：车辆荷载引起的垂直应力和水平应力的综合作用，使得结构层内产生的剪应力超过材料的抗剪强度。也与车辆的冲击、振动等动力作用有关。 检查方法：目测外观，检查时应记录拥包的位置、区域、范围，并拍照。 处治方案：局部更换	
3	破损坑洞	表现：桥面铺装局部坑洞。 原因：龟裂、网裂未得到及时养护，或铺装层底部积水造成脱空。 检查重点：坑槽的范围和深度、位置。 处治方案：冷料修补或局部切割更换	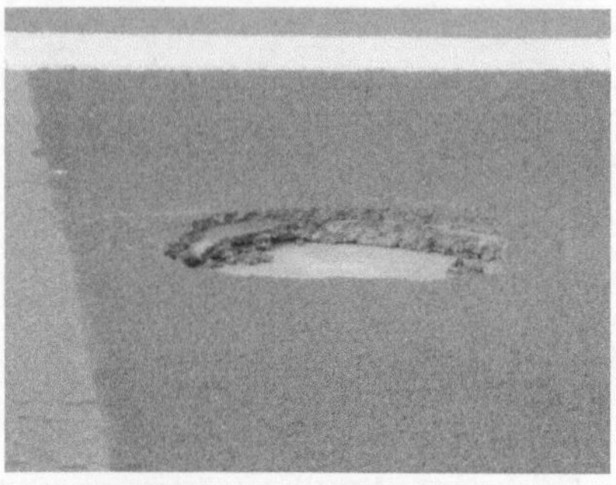

续上表

序号	名称	描述	典型照片
4	网裂、龟裂	表现：桥面铺装表面呈网状裂缝。 原因：沥青性能不好，油层老化，路面疲劳性能衰减，反复微裂，会形成较大面积的网裂，严重时形成龟裂；铺装层底部积水造成脱空。 检查重点：裂缝的范围、位置、宽度。 处治方案：局部切割、更换	
5	横向裂缝	表现：桥面铺装沿横桥向开裂，一般出现在未设伸缩缝的墩台顶。 原因：墩顶负弯矩区桥面铺装层出现反射裂缝；搭板下沉等。 检查重点：裂缝的长、宽、高差。 处治方案：灌浆封闭	

7.1.2　支座典型病害与处治

支座典型病害与处治见表 7-2。

表 7-2　支座典型病害与处治

序号	名称	描述	典型照片
1	支座滑移超限	表现：盆式支座上座板相对下座板位移量超限。 原因：安装时温度未受控，或梁体明显位移。 检查重点：支座的位移量、方向。 处治方案：如超限较大，顶升复位或更换	
		表现：盆式支座上座板相对下座板位移量超限。 原因：梁底楔形块底面与垫石顶面不平行；安装不规范。 检查重点：支座的转角和方向。 处治方案：如超限较大，顶升复位或更换	

续上表

序号	名称	描述	典型照片
2	四氟滑板破损、脱落	表现：支座四氟滑板脱落，并被挤出支座。 原因：球型支座四氟滑板长期承受压力和摩擦力，特别是在支座滑板摩阻系数不满足要求的情况下，容易产生脱落现象；支座安装受力不均匀；防尘罩脱落，受环境中尘埃等的污染。 检查重点：四氟滑板上的润滑剂是否失效；支座是否偏压；四氟滑板上是否有较多灰尘。 处治方案：定期观测，必要时顶升更换	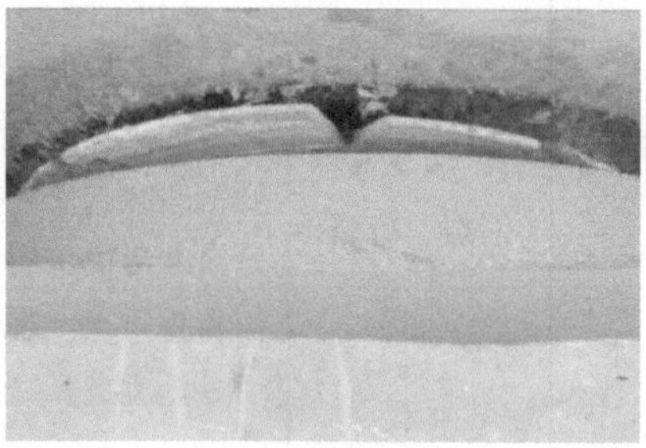
3	钢构件锈蚀	表现：涂装破坏后，钢构件发生程度不同的锈蚀现象。 原因：涂装破坏，导致钢构件防腐能力下降；环境条件恶劣，尤其是处于工业环境或海洋环境中的钢构件更易发生锈蚀；涂层厚度不足或未按设计分层涂装。 检查重点：锈蚀的面积和位置。 处治方案：除锈后重新涂装	
4	支座垫石混凝土出现开裂、剥落或碎裂	表现：混凝土局部破损，或伴有露筋现象。 原因：构件钢筋保护层不足；施工期间受磕碰。 检查重点：破损的面积，钢筋的锈蚀情况。 处治方案：钢刷除锈，环氧砂浆封闭	

7.1.3 模数式伸缩缝典型病害与处治

模数式伸缩缝包括格梁式伸缩缝、直梁式伸缩缝和斜梁式伸缩缝，其中，格梁式伸缩装置应用最为广泛。伸缩缝典型病害与处治如表 7-3 所示。

表 7-3 伸缩缝典型病害与处治

序号	名称	描述	典型照片
1	防水胶条脱落	防水胶条可能因为杂物堆积后遭受车辆碾压、自然老化、伸缩缝位移产生的拉扯作用等原因出现脱落。防水胶条脱落后，雨水直接从脱落处流下，严重影响伸缩缝的耐久性和相应墩顶支座、梁体等构件的耐久性，需要及时补设	

续上表

序号	名称	描述	典型照片
2	防水胶条破损	伸缩缝内杂物堆积后，在车辆碾压作用下，会导致防水胶条破损。自然老化导致胶条强度降低也是破损原因之一。防水胶条破损后，雨水直接从脱落处流下，严重影响伸缩缝的耐久性和相应墩顶支座、梁体等构件的耐久性，需要及时补设	
3	型钢断裂	模数式伸缩缝(包括格梁式伸缩缝、直梁式伸缩缝、斜梁式伸缩缝)都通过设置多道型钢来提供位移。型钢断裂是较常见的病害之一。出现型钢断裂的情况往往意味着伸缩缝的使用寿命已接近尾声。 发生型钢断裂的主要原因包括：伸缩缝长期承受车辆冲击荷载；伸缩缝钢材在轮载作用下产生疲劳问题；支撑滑块发生松动或脱落，导致型钢局部脱空	
4	锚固区 混凝土破损	模数式伸缩缝锚固区混凝土发生剥落、碎裂、露筋等现象。 主要原因包括： (1)混凝土强度不够，浇筑不密实。 (2)混凝土表面不平整，与桥面铺装及型钢表面存在严重的错台现象，在行车冲击荷载的作用下产生拉应力裂缝，尤其在纵坡较大的桥梁上，此种破坏更为明显。 (3)浇筑伸缩缝混凝土时，型钢底部不密实或梁端部位封闭不严，存在漏浆现象和“狗洞”现象，在行车荷载的作用下引起断裂。 (4)配筋不足或钢筋保护层厚度超差。 (5)混凝土配合比不合理，集料偏少或级配不合理或水泥用量过高或水灰比过大，导致混凝土耐磨性差，引起破坏。 (6)混凝土浇筑过程中养生不好，引起早期裂纹。 (7)运营过程中，过量使用除雪剂腐蚀混凝土表面，引起混凝土剥落。 (8)养护期不够，开放交通较早	

续上表

序号	名称	描述	典型照片
5	阻塞	平时未及时、认真地清扫伸缩装置上的砂土、杂物，导致杂物长期积累在缝隙内，在车辆碾压作用下，伸缩缝防水胶条容易破损或脱落	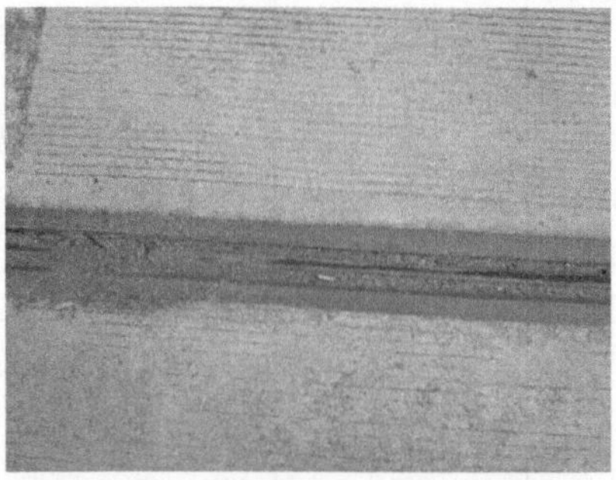
6	螺栓松动	在运营过程中，伸缩缝振动导致螺栓松动，若未能及时发现，可能导致螺栓脱落、构件脱离	
7	钢结构锈蚀	伸缩缝顶面或底面钢结构出现锈蚀现象。 模数式伸缩缝上表面锈蚀主要是因为防腐涂装失效，在雨水作用下发生锈蚀；模数式伸缩缝下表面锈蚀则主要是因为止水带破损、脱落导致雨水进入伸缩缝，进而引起锈蚀	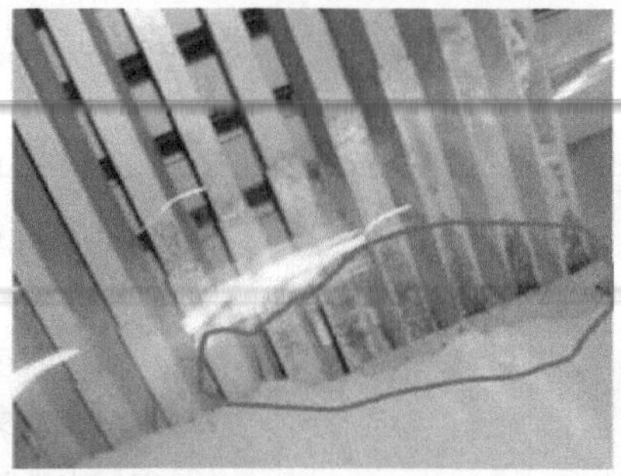
8	位移超限	伸缩缝位移超限经常伴随伸缩缝卡死或伸缩缝止水橡胶条被拉伸过量甚至拉断。 原因包括： (1)伸缩量计算不准确(设计中，漏算混凝土收缩徐变产生的位移，导致伸缩缝选型过小)，没有考虑到伸缩装置安装时的实际温度对伸缩装置的影响等。在伸缩装置本身不具备或很难具备调整初始位移量以适应安装温度对位移的要求时，选型不当是造成伸缩装置位移超限的重要原因之一。 (2)平时未能及时、认真地清扫伸缩装置上的砂土、杂物，使设计的伸缩量得不到保证。 (3)安装伸缩缝时，对伸缩缝的预张量计算错误。 (4)结构体系发生了变化，导致梁端位移变大	

续上表

序号	名称	描述	典型照片
9	凹凸不平	伸缩缝凹凸不平属于综合性问题，是各种因素相互影响造成的。 原因包括： (1)荷载：实际运营荷载超载，强大的冲击力作用导致伸缩缝结构本身损伤、桥面铺装破坏、锚固混凝土破损及锚固螺栓破坏等。 (2)设计：设计所用伸缩缝伸长量不足，选型不合理，伸缩缝刚度与主梁刚度相差过大。 (3)施工：未严格施工，混凝土浇筑不密实，桥面铺装碾压不充分及其他安装工艺问题。 (4)管养：后续管养不到位，未及时清理、维护伸缩缝	
10	位移不均	模数式伸缩缝各个单缝不均匀伸缩，既可能表现为各个缝的伸缩量不同，也可能表现为同一条缝的横向不同位置处位移不同，也可能两者都有。 原因包括： (1)格梁模数式伸缩缝通过聚氨酯压缩弹簧来实现对各缝缝宽均匀性的控制。聚氨酯压缩弹簧损坏、脱落、老化、各弹簧刚度不均匀等都会导致各缝缝宽不均匀。 (2)直梁式伸缩缝通过剪切弹簧来实现对各缝缝宽均匀性的控制。剪切弹簧损坏、脱落、老化、各弹簧刚度不均匀等都会导致各缝缝宽不均匀。 (3)斜梁式伸缩缝通过几何原理控制位移，位移均匀性好，但由于承压支承与压紧支承既要传递竖向荷载，又要承受位移控制时为保持几何同步关系产生的水平力，受力情况相对比较复杂，容易出现早期磨损和破坏。斜梁式伸缩缝对加工与组装的精度要求高，必须严格控制支承元件和预紧元件的尺寸公差，才能保证运动学约束控制条件的实现，因此也容易出现位移不均的情况。此外，斜梁式伸缩缝位移箱刮擦或挤死也会导致位移不均。 (4)由于老化、变形等因素，模数式伸缩缝支撑滑块与梁体间磨阻系数不均匀，会导致不均匀伸缩。 (5)缝内杂物堆积，影响正常位移，会导致不均匀伸缩	

续上表

序号	名称	描述	典型照片
11	滑块外鼓	各滑块受力不均匀，导致个别滑块受力过大，是发生外鼓变形的主要因素。伸缩缝在长期使用过程中，由于钢梁变形、构件松动等因素，滑块受力会越来越不均匀，从而导致个别滑块受压外鼓	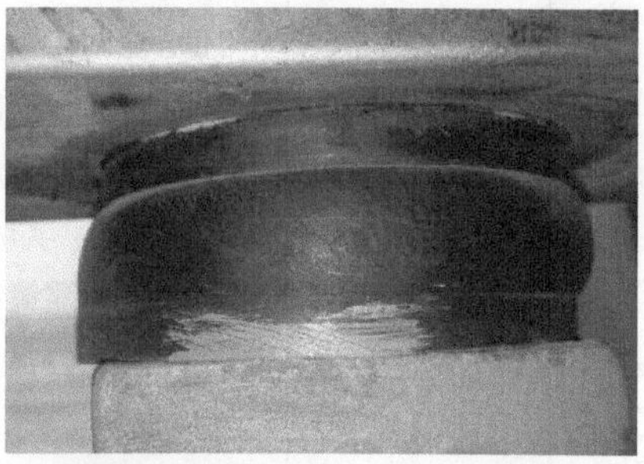
12	滑块开裂	伸缩缝滑块橡胶体发生开裂，主要原因包括： (1)伸缩缝滑块剪切变形过大。 (2)伸缩缝滑块老化，强度降低	
13	焊缝开裂	伸缩缝构件焊缝开裂，部分较严重的表现为中梁断裂。 焊缝开裂属于综合性问题，主要原因包括： (1)荷载：实际运营荷载超载，强大的冲击力作用及交变荷载作用导致伸缩缝结构本身出现损伤，焊缝位置出现强度破坏或疲劳破坏。 (2)结构及施工质量问题：伸缩缝本身材料或焊条质量达不到要求；施工过程中，安装工艺粗糙，出现碰撞等问题。 (3)管养：管养不到位，未及时清理、维修伸缩缝	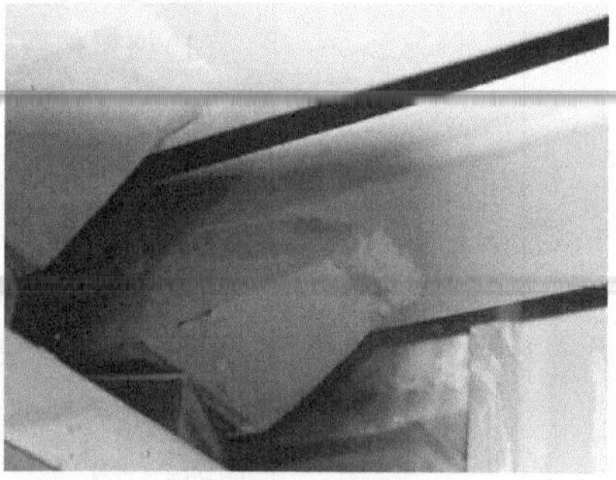

7.2 易损构件应急处治

当易损构件突发严重病害或病害达到影响行车的安全性、结构安全性的程度时，应对病害进行紧急处理，确保行车安全。

7.2.1 支座应急处治

影响行车安全的支座病害主要为钢件脱焊、垫石破碎引起脱空、支座位移超限。当出现以上病害时，应立即对支座的功能进行监测，密切监控主梁的位移情况，并组织进行支座维修或更换。

7.2.2 桥面铺装应急处治

桥面铺装凹陷、打滑是影响行车安全的主要安全隐患。

桥面铺装凹陷引起的通行安全隐患等级划分见表7-4。当安全隐患等级到达3级或4级时，应启动应急处治措施，对凹陷部位进行交通封闭，并立即采取局部维修措施。

表7-4　桥面铺装凹陷引起的通行安全隐患等级划分

安全隐患等级	定性、定量描述	对行车的不利影响程度
1	坑槽、拥包、车辙、错台、坑洞深度或高度达到0.5cm，最大尺寸小于0.2cm；出现个别坑槽、破损、坑洞或小面积凹凸不平	有轻微跳车、颠簸现象
2	坑槽、拥包、车辙、深度或高差达到2.5cm，最大尺寸大于0.2cm；桥面存在多处坑槽或较大面积凹凸不平	有明显跳车、颠簸，舒适性差
3	坑槽、拥包、车辙深度或高差达到4cm，桥面存在较多坑槽或大面积凹凸不平	可能引起车辆部件损伤、轮胎鼓包
4	沥青混凝土桥面铺装坑槽深达到10cm；桥面存在大量坑槽或普遍凹凸不平	易引起扎胎、翻车等事件

引起桥面打滑的原因主要有2个方面：由于车辆磨损等，桥面铺装产生磨光等现象，导致桥面、车辆之间的摩擦力降低；桥面积水导致桥面打滑。当日常检查发现桥面有磨光、打滑现象时，应参考现行《公路沥青路面养护技术规范》(JTJ 5142)开展路面抗滑能力评定。当抗滑能力评定标准为“差”时，应立即组织进行桥面维修；当抗滑能力评定为“次”时，雨季时应加强桥面排水疏通工作。

7.2.3　伸缩缝应急处治

伸缩缝可能存在的影响行车安全的病害有凹凸不平、锚固区破损、锚固件或钢部件破损等。伸缩缝引起的通行安全隐患等级划分标准见表7-5。

表7-5　伸缩缝引起的通行安全隐患等级划分

安全隐患等级	定性、定量描述	对行车的不利影响程度
1	锚固区混凝土破损、凹凸不平深度达到0.5cm，最大尺寸小于0.2cm	有轻微颠簸现象
2	锚固区混凝土破损、凹凸不平深度达到2.5cm，最大尺寸大于0.2cm	有明显颠簸，产生跳车，舒适性差
3	锚固区混凝土破损、凹凸不平深度达到4cm；钢构件焊缝开裂、锚固构件松动或锚固螺栓松动	可能引起车辆部件损伤、轮胎鼓包
4	锚固区混凝土破损、凹凸不平深度达到10cm；钢构件断裂、移位、螺栓外露	易引起扎胎、翻车等事件

当检查中发现隐患等级达到3级、4级时，应立即对病害所在区域进行交通封闭，并立即进行处治，对局部病害进行消除，到达不影响行车安全的程度。

7.3 混凝土材料典型病害

环境因素、使用条件与防护措施引起的混凝土结构劣化尤其值得重视，检查人员需要检测任何可能改变混凝土整体性和强度的损伤。混凝土材料可能出现的病害种类较多，见表7-6，检查方法以观察、拍照、记录、统计为主。

表7-6 混凝土材料典型病害

序号	名称	描述	典型照片
1	裂缝	混凝土结构的线性破裂。分为结构性裂缝和非结构性裂缝。 结构性裂缝主要包括弯曲裂缝、剪切裂缝、扭转裂缝。非结构性裂缝主要包括温度裂缝、收缩裂缝	
2	蜂窝	混凝土局部出现酥松，砂浆少、石子多，石子之间形成空隙，类似蜂窝状的窟窿	
3	麻面	混凝土局部表面出现缺浆和许多小凹坑、麻点，形成粗糙面	
4	起皮	也称作表层分离，是水泥胶凝材料化学分解引起的一定范围内混凝土表层砂浆和集料持续渐进地损失的现象。暴露于恶劣环境中会使构件起皮加剧	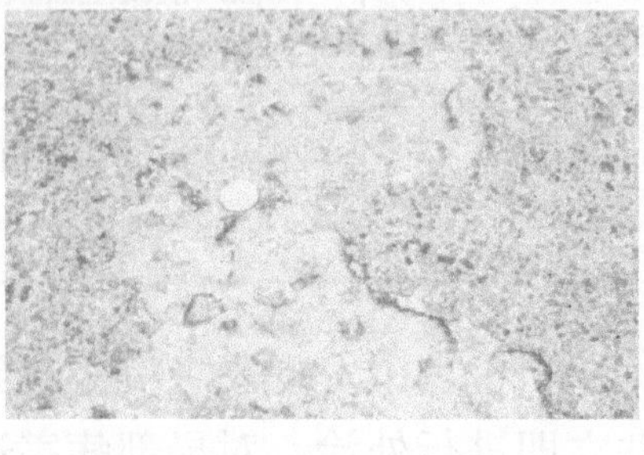

续上表

序号	名称	描述	典型照片
5	掉角	混凝土结构缺棱掉角、断裂破损。一般发生在矩形梁体或拱肋的下边角位置	
6	分层	构件外保护层混凝土局部脱层	
7	剥落	剥落是混凝土构件一部分面层离析引起的坑洼现象。剥落的产生说明混凝土内部存在与表面大致平行的破裂面	
8	碳化	混凝土碳化指大气中的 CO_2 等与混凝土中的液相碱性物质发生反应，造成混凝土碱性下降和混凝土化学成分改变，也称混凝土中性化	
9	泛碱	泛碱是指混凝土表面沉积一层白色物质，它是水泥浆中析出的氢氧化钙与空气中的二氧化碳反应后生成的碳酸钙结晶以及其他碳酸盐及氯化物的结晶的混合物	

续上表

序号	名称	描述	典型照片
10	化学腐蚀	化学腐蚀是指混凝土中的某些水化物与土壤、水等中的腐蚀性介质(如酸、碱、盐等)发生化学反应生成新的化学物质而引起混凝土结构的破坏	
11	氯盐侵蚀	氯盐侵蚀主要是指氯离子引起钢筋锈蚀，从而降低混凝土构件耐久性	
12	冻融破坏	混凝土处于饱水状态和冻融循环交替作用是发生混凝土冻融破坏的必要条件。因此，混凝土的冻融破坏一般发生于寒冷地区经常与水接触的混凝土构件	
13	碱集料反应	混凝土碱集料反应是指混凝土中的碱与集料中能与碱反应的活性成分在混凝土硬化后吸水，逐渐发生膨胀性化学反应，导致混凝土产生开裂、破坏的现象	
14	钙矾石反应	钙矾石在水分加入混凝土中时就开始形成，其反应早于混凝土自身的化学反应。但最初的反应并不会对混凝土造成损伤。在混凝土硬化后，第二阶段的钙矾石反应使混凝土承受巨大的膨胀力，并导致混凝土性能的退化	

续上表

序号	名称	描述	典型照片
15	磨耗	磨耗发生在桥面上，它是由于摩擦作用而导致的表层砂浆的磨损。一旦磨耗露出集料，在雨天可能影响行车安全	
16	撞损	混凝土结构由于遭受撞击而出现开裂、剥落甚至损毁。部分情况下，伴随钢筋受损或断裂	
17	冲损	水流中泥沙、冰凌等冲击混凝土表面，导致混凝土表面磨损	
18	锈胀	钢筋锈蚀产物的体积可达到锈蚀前的数倍，对混凝土施加了巨大的内部挤压力，会导致混凝土开裂、分层或剥落	
19	夹渣	混入垃圾的混凝土构件成型后，局部空隙率大，易引起混凝土开裂、钢筋锈蚀等病害	

续上表

序号	名称	描述	典型照片
20	热损伤	高温是造成混凝土材料损伤的重要因素之一。它不但会降低混凝土构件的强度和刚度，而且会降低混凝土构件的耐久性能	
21	孔洞	混凝土结构内有空隙，局部没有混凝土	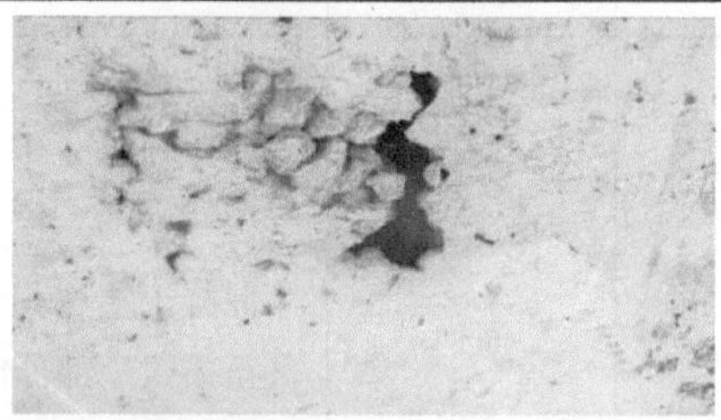
22	空洞	混凝土表面出现空洞，常伴随钢筋外露	
23	渗水	混凝土结构表面有水渍或有漏水，常与泛碱现象同时出现	
24	保护层厚度不足	无论是在混凝土碳化条件下还是在氯盐侵蚀环境中，混凝土保护层厚度都是延缓钢筋锈蚀的最重要因素。保护层厚度小于规范要求，会影响结构的耐久性	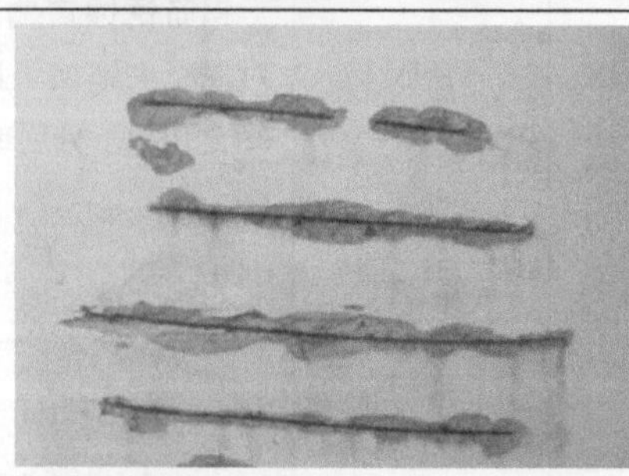
25	截面损失	截面损失是指构件截面明显损坏的病害，它的发生将显著影响构件的承载能力	

7.4 下部结构典型病害

桥梁下部结构典型病害如表7-7所示，检查方法以观察、拍照、记录、统计为主。

表7-7 桥梁下部结构典型病害

序号	名称	描述	典型照片
1	桥墩破损露筋	主要表现为墩身混凝土的局部缺失以及钢筋外露。 可能的原因为：钢筋锈蚀，体积膨胀，导致混凝土保护层大体积剥落，或者人为因素导致的外力致使桥墩发生磨损，最终导致钢筋外露	
2	桥墩冲刷	桥墩冲刷分为一般冲刷和局部冲刷。一般冲刷指由于桥梁墩台压缩水流，导致桥下流速增大而引起桥下河床断面的冲刷；局部冲刷指由于桥墩的阻碍作用，水流在桥墩周围产生强烈涡流而引起的冲刷	
3	桥墩下沉倾斜	主要表现为桥墩的墩柱或者基础出现下沉、倾斜，桥面出现明显的不平整，严重影响桥梁的使用安全	
4	桥墩墩身网状开裂	主要表现为桥墩墩身出现较大面积的网状裂纹，裂缝的宽度和深度一般不大，宽度一般为0.1~1mm，深度约为1mm	

续上表

序号	名称	描述	典型照片
5	桥墩墩身水平裂缝	主要表现为桥墩墩身出现少量水平裂纹，该类裂缝大多出现在桥墩底部位置。可能的原因为地震或整体温度改变引起的温度应力过大	
6	桥墩墩身竖向裂缝	主要表现为桥墩墩身出现少量的竖直裂纹，该类裂缝在平面上大多数呈现放射状	
7	桥墩柱脚压溃	主要表现为墩身混凝土开裂、混凝土剥落压溃、钢筋裸露和弯曲等，并产生很大的塑性变形	
8	桥墩盖梁竖向裂缝	主要表现为桥墩上缘盖梁的侧面出现较多的竖向裂纹。可能的原因为：混凝土收缩；混凝土承受压力过大；超载车辆通行；施工时模板支架下沉	
9	桥墩盖梁水平裂缝	主要表现为桥墩上缘盖梁的侧面出现较多的水平裂纹	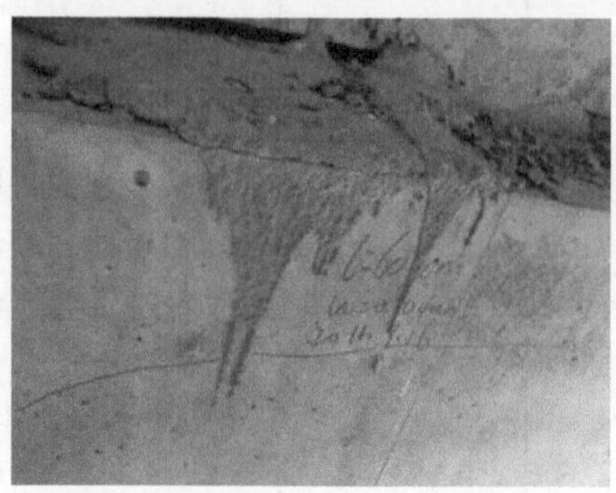

续上表

序号	名称	描述	典型照片
10	桥墩盖梁网状裂缝	主要表现为桥墩盖梁的侧面出现较多的网状裂纹	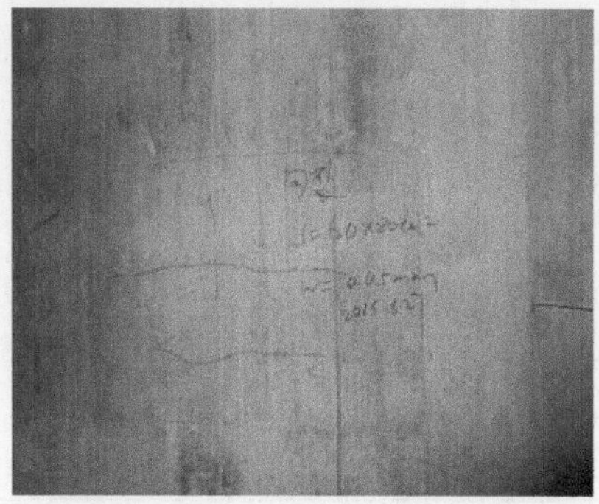
11	桥台磨损	主要表现为桥台混凝土表面粗糙，甚至出现掉角或掉块。可能的原因为桥台受到外力的刮擦作用	
12	桥台台背沉降	主要表现为路桥交界位置处道路一侧出现明显的沉陷。可能的原因为台背填土不密实或基础不牢固	
13	桥台跳车	主要表现为桥头和道路的交界位置处存在明显的高差，影响行车安全，并加剧桥梁及路面的病害	

续上表

序号	名称	描述	典型照片
14	桥台下沉倾斜	主要表现为桥台明显偏离设计位置，影响桥梁使用安全	
15	桥台滑动	主要表现为桥台整体偏离初始设计位置，分为后移和前移两种。前移表现为桥台前倾，桥梁梁缝被挤死；后移表现为桥台至梁体的距离变远，有落梁的危险	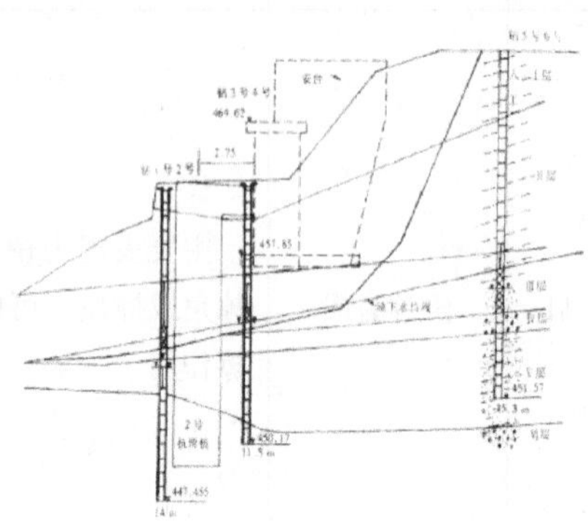
16	台身水平裂缝	主要表现为台身出现水平裂纹，有时伴有漏水、石灰质析出现象。主要的原因为：施工时新老混凝土界面未得到妥当处理；后期混凝土收缩徐变	
17	台身竖向裂缝	主要表现为台身出现竖向裂纹，裂缝接近于等间距	

续上表

序号	名称	描述	典型照片
18	台身网状裂缝	主要表现为台身龟裂现象。主要的原因为配筋较少或碱集料反应	
19	台背排水不良	主要表现为雨水沿台身流下，不能通过排水系统排水。主要的原因为排水系统设置不完善	
20	耳墙、翼墙变形、松动、倒塌	主要表现为耳墙、翼墙的墙体向外倾斜，墙体砌块松动，甚至出现倒塌。 主要的原因为：由于设计或施工原因，桥头路基土压力较大，导致地基失稳；地基冲刷或人为破坏；台后填土膨胀导致墙体出现变形	
21	锥坡、护坡隆起	主要表现为锥坡、护坡的斜坡面向上鼓起，通常伴随有斜坡面的开裂现象。 主要的原因为：台后土压力过大，挤压桥台，导致桥台向跨中滑移，并挤压坡体，导致坡面隆起、开裂	

续上表

序号	名称	描述	典型照片
22	锥坡、 护坡凹陷、坍塌	主要表现为锥坡、护坡的坡面大面积凹陷，甚至出现坍塌。 主要的原因为基础填土塌陷，地基失稳	
23	锥坡、 护坡坡脚损坏	主要表现为锥坡、护坡的砌面下滑、坡脚损坏。 主要的原因为基础或者坡面受到较为严重的水流冲刷	
24	承台、 基础沉降	主要表现为承台、基础相对于初始位置发生较为明显的下沉。 主要的原因为基础地质条件比较薄弱或者桩基的设计不合理	

7.5 常见缺损处置措施

7.5.1 预应力混凝土箱梁裂缝的处理

7.5.1.1 封闭法修补

对裂缝宽度大于或等于0.1mm的裂缝，均可采用化学灌浆修补裂缝的方法灌缝，靠黏结剂的黏结力将结构重新结合为整体，恢复应有的强度，并且阻断空气和水分进入梁体，避免腐蚀钢筋。对宽度小于0.1mm的裂缝，采用环氧胶泥进行表面封闭处理。

对宽度不超过0.1mm的裂缝，采用封闭法修补，步骤如下：

(1)处理裂缝表面，清除混凝土表面浮浆、灰尘。

(2)用凿子沿裂缝凿一道宽3cm、深2cm的V形槽并用高压空气将裂缝吹干净。

(3)封胶。胶体材料为环氧树脂，胶体抗压强度应不低于混凝土的抗压强度。配制好后，用刮刀沿裂缝的走向从低往高抹平。

对宽度大于或等于0.1mm的裂缝，采用注浆法修补，步骤如下：

(1)将裂缝两侧各3cm范围内混凝土表面清理干净。

(2)安装注浆嘴，注浆嘴间距为20~40cm。

(3)用封闭胶将各个注浆嘴之间的裂缝封闭起来，密封宽度为6cm。

(4)封闭胶固化后，用压缩空气检查密封效果；若有泄漏现象，则进行补刮。

(5)用注浆机向裂缝内注入灌缝胶。

7.5.1.2 碳纤维布加固法

碳纤维布加固法具有以下特点：不增加恒载及断面尺寸，对结构不产生新的损伤；对结构的原有应力分布影响小；粘贴于受拉区，能提高构件的正截面承载力；能有效封闭结构裂缝；材料本身具有优良的耐化学腐蚀性。

碳纤维布加固法的步骤如下：

(1)施工前，对粘贴部位混凝土的表层含水率及所处环境温度进行测量。若混凝土表层含水率>4%或环境温度<5℃，则应采取措施，在达到要求后方可施工。施工前应按设计图纸，在加固部位放线定位。

(2)去除被加固构件表面的疏松部分，直到露出混凝土结构层。若有裂缝，应进行修补，然后用修补材料修复平整，并保证混凝土保护层厚度不小于15mm。若粘贴部位的混凝土表面坚实，应除去浮浆层和油污等杂质，并打磨平整，直到露出集料新面，且平整度应达到5mm/m，构件转角处应打磨成圆弧状，圆弧半径应不小于20mm。打磨表面后，应用强力吹风机彻底清除表面粉尘。

(3)粘贴碳纤维材料的施工工艺有涂刷底胶的要求时，按黏结剂供应厂商的底胶配制说明书进行操作。用滚筒刷或特制的毛刷在已用丙酮擦净的混凝土表面均匀涂布底胶，调好的底胶应在规定的时间内用完。

(4)黏结剂的配制应按黏结剂供应商提供的配比和工艺要求进行，且应有专人负责。调胶使用的工具应为低速搅拌器，搅拌均匀，无气泡产生，并应防止灰尘等杂质混入。

(5)粘贴碳纤维碳布。按设计要求的尺寸裁剪碳纤维布，将树脂均匀地涂抹在擦干净的碳纤维布上，用手将碳纤维轻轻地贴于粘贴部位，并用特制的滚筒沿纤维方向在已贴好碳纤维布的面上多次滚压，使黏结剂充分浸透到碳纤维中，且使其平整、无气泡。

(6)当粘贴碳纤维布完成后，在外表面进行喷砂装饰，使表面颜色与周围混凝土协调。粘贴碳纤维时不能堵住腹板上的通风口。

7.5.1.3 粘贴钢板条

对裂缝较少的部位，可粘贴钢板条进行补强。为了使钢板条黏结可靠，采用螺栓进行紧固连接。方法如下：

(1)按30cm的间隔，在垂直于裂缝方向用磨光机将需粘贴钢板的混凝土表面的灰尘除去，使其露出砂粒或集料。

(2)按 30cm 的间隔，在混凝土粘贴面钻深度不小于 6cm、直径约 14mm 的盲孔。

(3)用压缩空气清理孔内浮尘土，然后涂抹一道丙酮。

(4)向孔内塞入 1/2 孔深的软环氧胶泥。

(5)用丙酮清洗膨胀螺栓，在膨胀螺栓表面涂抹一层环氧树脂基液。

(6)向孔内打入膨胀螺栓，待紧固后松下螺母。

(7)将钢板条按埋好的螺栓位置放样并钻 ϕ14mm 的通孔后，用磨光砂轮机将钢板粘贴面打磨出新鲜粗糙面，纹路尽量与钢板受力方向垂直。

(8)用丙酮清洗混凝土和钢板的粘贴面，在欲粘贴的混凝土面和钢板面涂一层薄而匀的环氧树脂薄浆，然后在钢板上均匀涂一层环氧树脂胶泥(厚度控制在 2mm 左右)，随即将钢板粘贴在混凝土表面，立即加压成型，使多余的胶泥沿板边挤出，达到密集程度。采用膨胀螺栓加方垫，紧螺母进行加压，压力宜不大于 0.1MPa。

(9)钢板粘好后，清除钢板外表面的污垢，涂 2 层环氧树脂基液或环氧沥青罩面防腐。

7.5.1.4 粘贴整体钢板

粘贴整体钢板加固法可以使钢板与原有结构形成整体，共同受力，从而提高结构刚度强度，限制裂缝的进一步发展，提高结构的承载力。方法如下：

(1)对要补强区域进行整平，用磨光机将混凝土表面的灰浆除去，使其露出砂粒或集料。

(2)根据竣工图或用探测仪器避开钢筋钢束位置，按纵横各 50cm 的间距钻深度不小于 6cm、直径约 14mm 的盲孔，用压缩空气清理孔内浮尘土，然后涂抹一道丙酮，向孔内塞入 1/2 孔深的软环氧胶泥。用丙酮清洗膨胀螺栓，在膨胀螺栓表面涂抹一层环氧树脂基液，向孔内打入膨胀螺栓，待紧固后松下螺母。

(3)在钢板对应位置钻孔，并按纵横各 1m 的间隔在钢板上钻出压浆或出浆孔，将钢板拼缝边开成坡口，用磨光砂轮机打磨钢板粘贴面，露出新鲜粗糙面。

(4)用压缩空气清洁混凝土、钢板表面，用丙酮涂抹混凝土和钢板的粘贴面。

(5)安装钢板，拧紧螺帽，焊好钢板的拼装接缝。

(6)安装灌浆嘴，用环氧混凝土或壁可法专用材料对要压注的钢板周边进行封缝，顶缝留出气孔。

(7)从低处向高处，往钢板内逐步灌注环氧树脂或壁可法专用材料，视灌注情况逐步封闭已出浆的出气孔。

(8)用敲击法进行检查，对不密实处重新钻压出浆孔进行补灌。

(9)清除钢板表面污垢后，涂抹 2 层环氧树脂基液或环氧沥青进行罩面防锈。

(10)钢板拼缝要尽量与裂缝垂直，腹板宜分区、分块压浆，确保粘贴质量。

7.5.2 桥墩裂缝的处理

网状裂缝为非受力裂缝，对结构本身应力无多大影响，一般无须修补。在桥墩顶部或容易积水处，可用环氧树脂砂浆修补。

对于不影响结构安全的裂缝，若裂缝宽度小、已趋稳定、未上下贯通或左右对称、过车时无明显张合现象、经分析不影响桥墩安全时，可用环氧树脂砂浆修补或压注灰浆进行整治。

对继续发展且较宽、上下贯通、左右或前后对称、过车时有张合现象的受力裂缝，应找出裂缝发生的原因，采取有效的加固措施。对因结构应力不足而发生的裂缝，应根据不同情况采取合理的加固方案。大桥桥墩若出现上述裂缝，应立即查明原因，进行加固。

对急剧发展、张合严重、缝口错牙、影响承载能力、危及行车安全的裂缝，应立即采取临时措施保证行车安全，再查明原因进行加固。

7.5.3 其他常见混凝土缺陷的处治对策

其他常见混凝土缺陷有蜂窝、露筋、麻面、空洞等，处治方法见表7-8。

表7-8 常见混凝土缺陷处治方法

缺陷名称	处治方法
蜂窝(结构表面出现蜂窝似的窟窿)	(1)对于小蜂窝：洗刷干净后，用1：2或1：2.5水泥砂浆抹平压实。 (2)对于较大蜂窝：凿去蜂窝处薄弱松散部分及突出的集料颗粒，用钢丝刷或压力水洗刷干净后，支模，用细石混凝土(比原标号高一级)仔细填塞捣实。 (3)对于较深蜂窝：清除困难又影响承载力时，可埋压浆管、排气管，表面抹砂浆或灌注混凝土封闭后，进行水泥压浆处理
露筋(钢筋局部裸露在构件表面)	(1)对于表面露筋：用钢丝刷或压力水洗刷干净后，在表面抹1：2或1：2.5水泥砂浆，充满露筋部分，再抹平。 (2)对于较深露筋：凿去薄弱混凝土和突出集料颗粒，洗刷干净后，用比原标号高一级的细石混凝土填塞压实
麻面(结构物表面呈现无数小凹坑麻面)	(1)表面需做粉刷的，可不修补。 (2)表面不粉刷的，应在麻面部位浇水湿润后，用砂浆抹压一遍
空洞(结构中有尺寸较大的孔洞，钢筋局部或全部裸露)	凿除空洞周围的疏松混凝土和软弱浆膜，用压力水冲洗，支设带托盒的模板，湿润后用比原标号高一级的细石混凝土仔细浇灌捣实
缝隙及夹层(混凝土内存在松散混凝土层及夹杂物)	(1)缝隙夹层深度和宽度不大时，可凿去附近松散混凝土，洗刷干净后，用1：2或1：2.5水泥砂浆强力填嵌密实。 (2)对于显著和深的缝隙夹层，应清除松散部分和内部夹杂物，用压力水冲洗干净后支模，强力灌细石混凝土或在表面封闭后进行压浆处理

8 桥梁安全保护区检查

《交通运输部关于进一步加强公路桥梁养护管理的若干意见》(交公路发〔2013〕321号)规定安全保护区内禁止以下行为：

(1)特大桥梁跨越的河道上游500m、下游3000m，大桥跨越的河道上游500m、下游2000m，中小桥梁跨越的河道上游500m、下游1000m范围内的采砂活动。

(2)擅自在中桥及以上公路桥梁跨越的河道上下游各1000m范围内抽取地下水、架设浮桥以及修建其他危及公路桥梁安全的设施。

(3)在中桥及以上公路桥梁周围200m范围内从事采矿、采石、取土、爆破作业等危及公路桥梁安全的活动。

(4)在中桥及以上公路桥梁周围200m范围内设立生产、储存、销售易燃、易爆、剧毒、放射性等危险物品的场所、设施。

桥梁安全保护区典型问题见表8 1。若在项目巡检过程中发现桥梁安全保护区内存在问题时，应及时记录并报告管养单位，存在明显安全隐患的应及时通报并采取处置措施。

表8-1 桥梁安全保护区典型问题

序号	名称	描述	典型照片
1	可燃物堆积	在桥梁下方安全保护区内堆放可燃物，如木材、草堆、垃圾等	
2	违规活动	桥梁下方安全保护区内设有物流中心、货物集中心等，货车往来频繁	

续上表

序号	名称	描述	典型照片
3	违章建筑	桥梁下方安全保护区内有违章建筑	
4	堆土	在桥墩一侧违规堆载堆土	
5	采砂	在桥梁安全保护区范围内违章采砂	

9 应急事件和对策

9.1 危险因素及风险分析

针对可能导致应急事件的各方面因素开展风险分析。养护施工方面，可能出现坍塌、坠落、机械伤害等伤亡事故；营运管理方面，可能因自然灾害、交通事故等导致交通受阻或中断，或造成过往司乘人员群死群伤事故；养护管理方面，因各种因素影响，可能导致道路、桥梁、隧道等结构物发生异常，使营运桥梁突然丧失通行条件，可能造成群死群伤事故；人员方面：可能因交通事故、火灾等导致一线工作人员及集中办公、生活、住宿区的人员群死群伤。

通过危险源辨识和风险评估，确定的主要事故风险见表 9-1。

表 9-1 事故风险汇总

序号	可能发生的事故	可能发生的区域或场景	可能引发事故、事件的诱因	后果
1	交通事故（车辆伤害）	主要在收费广场、公路路面、生活区场区	车辆超速、失控等，员工作业过程中违章等	可能造成较大人员伤亡、财产损失，属易发事故
2	火灾	生产设施设备、办公区、工地临时建筑物、服务区、隧道等	用电设施、线路老化、故障，雷击，人为因素等	可能造成较大人员伤亡和财产损失
3	危化品泄漏、爆炸	服务区加油站、压力容器(液化气罐、乙炔气罐、氧气瓶)、危化品运输车等	管理缺陷，存放不符合要求，设备设施老化，违章操作等	可能造成重大人员伤亡、财产损失和环境破坏，引发火灾等其他事故
4	失稳、坍塌、倾覆	养护施工作业过程中，脚手架、各类模板和支撑、作业平台、各类挂篮安装及使用、基坑(槽)施工、桩机施工、人工挖孔桩施工、高边坡施工、隧道施工、高挡墙施工等现场	设备设施未经检验、违章作业、基底处理缺陷、地质复杂等	可能造成较大人员伤亡，属易发事故

续上表

序号	可能发生的事故	可能发生的区域或场景	可能引发事故、事件的诱因	后果
5	高空坠落	高空作业人员坠落，因设备倾覆、失稳造成正在作业的人员坠落，因设施失效或防护失效造成人员坠落	无防护、踏空、绊倒、违章作业等	可能造成较大人员伤亡，属易发事故
6	物体打击	高空坠物引起的物体打击，堆放材料、构件及周转材料等发生滑落、坍塌打击，各类设施坍塌引起的打击	安全防护失效，违章作业等	可能造成较大人员伤亡、财产损失
7	起重伤害	高空作业车作业区域	高空作业车未经权威部门检验，违章作业等	可能造成人员伤亡、财产损失
8	机械伤害	维修、施工过程中，各类机械设备对人体造成的挤、碰、压、碾、切、扭、卷、旋、钻、刨、砸等	设备故障，警示、提醒标识缺失，违章作业等	可能造成人员伤亡、财产损失
9	自然灾害	自然灾害引发的次生生产安全事故	台风(龙卷风)、洪水、地震、暴雨、山体滑坡等	可能造成较大的人员伤亡和财产损失

9.2 突发事件分类

根据突发事件的性质、发生过程，突发事件主要分成以下四类：

(1)自然灾害事件。主要包括洪水、台风、地震、大雾、山体滑坡、路基水毁等自然灾害，造成公路交通阻断、长时间不能正常通行等突发事件。

(2)生产安全事故。主要包括各类生产安全事故及在管辖区域内发生的生产安全事故，所辖桥涵、隧道等构造物及设施的安全事故等突发事件。

(3)生态环境污染事件。主要包括所辖公路营运、养护过程中的生态环境污染等突发事件，包括危险化学品泄漏、污水排放、噪声超标、泥浆及废弃物排放。

(4)社会稳定事件。主要包括群体性事件及其他突发事件等。

9.3 突发事件的应急检查

9.3.1 火灾后的应急检查

道路车流量大，危化品运输车辆多，火灾隐患突出。因此，针对桥梁火灾损伤而采取的应急检查尤为重要。

火灾后桥梁应急检查工作主要包括火场踏勘、外观检查、专项检测与损伤分析、桥梁技术状况分析与评定四个步骤。流程图如图 9-1 所示。

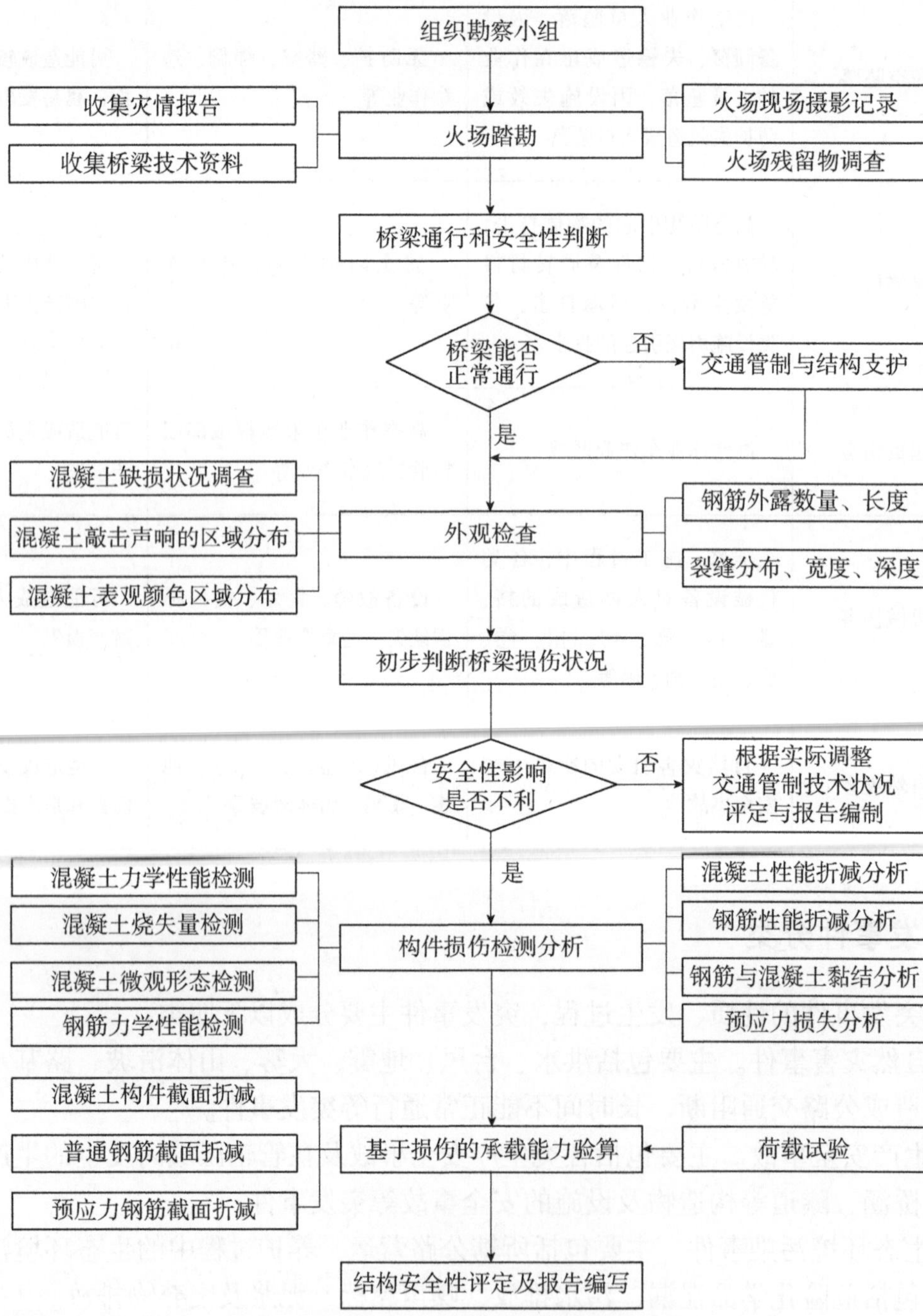

图 9-1　火灾损伤应急检查流程

9.3.1.1　火场踏勘

桥梁发生火灾后，应及时进行检测评定。检测人员应到现场调查桥梁发生火灾的相关情况，对有垮塌危险的结构和构件应采取相应防护措施。

收集桥梁技术资料。搜集桥梁的相关信息，查阅桥梁的相关报告、结构设计和竣工等相关资料。

收集灾情报告。火灾发生后，收集对桥梁产生影响的相关灾情的报告，并根据火灾荷载、燃烧物的特性、燃烧时间、燃烧条件和燃烧规律等，分析桥梁结构的火灾温度-时间关系曲线。

火灾现场摄影记录。根据火灾现场情况，拍摄反映对桥梁影响的视频或照片，现场勘察火场残留物状况，观察桥梁结构损伤严重程度，制定检测技术方案。

9.3.1.2　外观检查

检查火灾影响范围内的桥面铺装是否有严重损坏。详细检查伸缩缝是否受损，尤其是伸缩缝的橡胶构件。检查火灾影响范围内的主梁是否完好。查看桥面中央分隔带或其他部位的通信及管线、安全监测系统等是否有效。

有害化学液体污染桥面时，应及时检查处理。首先查清其化学成分，研究采用合适的清洗剂及时清洁，以免损坏桥面、对主梁造成腐蚀。

9.3.1.3　技术状况初步评定

火场踏勘和外观检查后，结合检查中发现的混凝土构件附近残留物情况、外观裂损情况、混凝土表观颜色变化情况、敲击声响、钢筋外露情况、变形情况及黏结性能的检查结果，在推定各区域经历的温度的基础上，对混凝土桥梁构件和整体的技术等级进行初步评定，具体评定方法和标准可参考现行《火灾后建筑结构鉴定标准》(CECS 252)。

9.3.1.4　专项检测与损伤分析

针对火灾后混凝土损伤相对严重的桥梁结构构件，应对其结构损伤做进一步检测，具体检测内容包括：

(1)混凝土力学性能检测，包括芯样分组抗压强度检测、芯样弹性模量检测、芯样逐层劈裂试验检测等。

(2)钢筋力学性能检测，包括普通钢筋拉伸试验检测、普通钢筋冷弯试验检测、预应力钢筋拉伸试验检测等。

(3)混凝土火灾后烧失量检测分析，包括火灾前后混凝土烧失量的对比分析、推定混凝土内部不同深度在火场中经历的最高温度情况。

(4)混凝土构件温度场模拟分析，包括火作用荷载温度-时间曲线的构建、等效当量时间的确定、结构温度场分析模型建立和内部温度场分析等。

(5)钢筋与混凝土黏结强度分析，包括钢筋外露长度和数量、钢筋所在位置经历的最高温度、黏结强度折减系数的分析等。

(6)预应力损失分析，包括预应力钢筋经历的温度和预应力损失分析等。

(7)混凝土构件火灾后损伤状况分析，包括混凝土和钢筋力学性能试验检测、混凝土烧失量检测、温度场模拟。

(8)混凝土微观形态检测，包括混凝土分层切片X射线衍射和电镜观测。

9.3.1.5　桥梁技术状况分析与评定

综合构件损伤评估、承载能力验算及荷载试验等分析结果，进行构件及桥梁技术状况评定。

9.3.2 风灾检查

9.3.2.1 大风风速观测

接到大风预报时，应启动风速观测仪，自动记录风速随时间变化的历程曲线，可得到最大风速、来风的方向与主梁的攻角。大风到来后，监测系统自动记录主梁的加速度和振幅随时间的响应历程。

9.3.2.2 大风后桥梁应急检查

检查支座是否处于正常位置，状态是否完好。桥面、伸缩缝、栏杆、护栏等桥面系构件是否完好，是否存在不可恢复的变形。桥上各种附加设施、避雷针、安全监测系统及安全标志等是否完好、有效。

检查完后，应立即对损坏的构件进行维护。若损坏严重，应委托养护单位或施工单位进行。每项检查都应详细记录并提交检查报告。

9.3.3 洪水期及洪水后的应急检查

每年汛期前应进行一次预防水毁的技术检查。了解桥梁桥墩基础冲蚀、河床变化、河道变迁、流量等情况，检查桥墩、调治构造物、防护工程等的功能是否正常，防护设备数量是否足够。建议对桥位处洪水流速进行监测。

洪水过后，对大桥进行及时、详细的检查。检查排水设施是否通畅，若堵塞应及时疏通。检查桥墩基础、河床和冲刷防护工程，若出现磨损、倾斜、冲刷等应及时维修。如有洪水期前后的沉降监测值，分析桥墩基础有无发生沉降。对河床和冲刷防护工程进行检查，若发现损毁应立即维护。

检查完后，应立即对损坏的构件进行维护。若损坏严重，应委托其他养护单位或施工单位进行。每项检查都应详细记录并提交检查报告。

9.3.4 超重车辆过桥和通过后的应急检查

超重车辆通过，应按照国家相关政策、法规或管养单位要求办理通行手续，并符合技术规范和管理要求，在适当的交通管制下按指定的速度和路线通过。

在超重车辆行进过程中，应当对主桥挠度、桥面线形变化和裂缝开展情况进行跟踪测量。

超重车辆驶离桥 0.5h 后，应当对桥面线形监测数据进行分析，确定是否留下残余挠度。主梁内有无可见的裂缝和损伤，伸缩缝有无损坏，桥梁桥墩及支座有无明显变位和损伤。

9.3.5 有毒有害液体泄漏的应急检查

当行驶在桥上的车辆发生有毒有害液体泄漏时，首先应查清其化学成分，研究采用合适的清洗剂及时清洁，以免腐蚀桥面及排水设施。

9.4 突发事件的应急对策

结合桥梁的实际情况，较为常见的突发事件为火灾、车撞、桥面坠物、有毒有害液体泄漏，其相应的应急对策见表9-2。

表9-2 常见突发事件的应急对策

事故类型	优先收集的信息	一般发生区域	可能的桥梁损伤	应急响应级别	现场交通对策
火灾	(1)事故资料：现场影像、燃烧材料、燃烧物数量、起火点、燃烧区域、燃烧时间等。 (2)图纸资料：桥梁图纸、检测资料、维修资料等	桥面铺装层	桥面铺装层剥落	Ⅲ级	局部交通管制
车撞	(1)事故资料：现场影像、事故经过、撞击位置等。 (2)车辆信息：车辆类型、车辆载重、车速。 (3)图纸资料：桥梁图纸、检测资料、维修资料等	护栏	护栏损坏	Ⅲ级	局部交通管制
桥面坠物	(1)事故资料：现场影像、事故经过、坠落位置等。 (2)坠物信息：坠物名称、坠物质量、坠落高度。 (3)图纸资料：桥梁图纸、检测资料、维修资料等	桥面铺装层、护栏	桥面铺装层破损、坑洞；护栏破损	Ⅲ级	局部交通管制
		梁体顶板	桥面明显凹陷、开裂，梁体顶板开裂、破损	Ⅰ级	中断交通
有毒有害液体泄漏	(1)事故资料：现场影像、事故经过、泄漏区域等。 (2)有毒有害液体信息：液体名称、特性、注意事项。 (3)图纸资料：桥梁图纸、检测资料、维修资料等	桥面铺装层、排水系统	桥面铺装层腐蚀、坑洞、变形；排水系统腐蚀、变形、脱落	Ⅱ级	封闭部分车道
			单向全车道桥面铺装层腐蚀	Ⅰ级	中断交通

9.5 应急响应

9.5.1 响应分级

桥梁应急响应分级与《自治区公路事业发展中心桥梁突发事件应急总体预案》相符。突发事件指桥梁突然发生，造成或者可能造成重大通行安全、财产损失、人员伤亡等的紧急事件，按照其性质、严重程度、可控性和影响范围等因素，一般分为四级：Ⅰ级(特别重大)、Ⅱ级(重大)、Ⅲ级(较大)和Ⅳ级(一般)。

蓝色等级(Ⅳ级)指国道、省道桥梁一般以上构件损坏、附属设施一般以上构造物局部损坏，使桥梁技术状况降为三类桥梁，不会立刻造成交通中断，但不及时处置将会影响桥梁通行安全。由分局桥梁突发事件应急指挥部启动预案，组织桥梁突发事件应急处置工作，并及时向伊犁公路管理局上报预案启动和处置情况。

黄色等级(Ⅲ级)指国道、省道桥梁次要以上承重构件、次要以上附属设施损坏，使桥梁技术状况下降，可能造成交通中断或影响通行安全，事态有扩大的趋势。由伊犁公路管理局桥梁突发事件应急指挥部启动预案，组织桥梁突发事件应急处置工作，并及时向自治区公路事业发展中心上报预案启动和处置情况。

橙色等级(Ⅱ级)指国道、省道中桥以上桥梁主要承重构件、主要附属设施损坏，桥梁技术状况急剧下降，可能造成交通中断，继续通行将严重影响交通安全等突发事件。由自治区公路事业发展中心桥梁突发事件应急指挥部启动桥梁突发事件应急预案，组织和协调桥梁突发事件应急处置工作，并及时向自治区交通运输厅上报预案启动和应急处置情况。

红色等级(Ⅰ级)指国道、省道重要桥梁发生桥梁垮塌、交通中断，或主要承重构件、主要附属设施严重损坏，桥梁已变为危桥，必须中断交通等突发事件。由自治区公路事业发展中心桥梁突发事件应急指挥部启动桥梁突发事件应急预案，组织和协调桥梁突发事件应急处置工作，并及时向自治区交通运输厅上报预案启动和应急处置情况。

9.5.2 响应程序

当确认桥梁突发事件即将或已经发生时，应立即做出响应，按照"统一指挥、属地为主、专业处置"的要求，成立现场指挥部，确定各小组工作职责和分工，同时协调交警、路政、医疗及其他相关单位立即开展救援处置行动。

现场指挥部应维护好事发地公共秩序，做好交通保障、人员疏散、群众安置等各项工作，尽全力防止紧急事态进一步扩大。及时掌握处置进展情况，及时向自治区公路管理局桥梁突发事件应急指挥部报告。同时结合现场实际情况，调整现场应急事件处置方案。

在现场指挥部的统一指挥下，调动有关人员和处置队伍赶赴现场，按照桥梁突发事件应急预案分工，相互配合、密切协作，共同开展应急处置和救援工作。

Ⅰ级、Ⅱ级桥梁突发事件，自治区公路事业发展中心桥梁突发事件应急指挥部派专家组指导突发事件的处置工作。

9.6 预警及信息报告

进入预警期后，应采取下列措施：

(1)组织应急救援队伍和相关人员进入待命状态，调集应急处置所需的运力、装备和物资。

(2)加强对预警事故发生、发展情况的跟踪监测，加强对设施设备的巡查维护，加强值班和信息报告。

9.7 信息公开

突发事件发生后，应积极、主动、妥善处理公共关系。突发事件的信息发布必须严格按照有关规定执行：

(1)信息发布必须经过审核和批准，保证发布信息的统一性，避免出现矛盾。

(2)信息发布必须通过新闻发言人，接受新闻媒体的采访，准确发布信息。

(3)应急指挥机构对突发事件启动应急响应程序后，各部门和个人未经授权不得对外发布事故信息或发表对事故的评论。

(4)对突发事件的信息报告要实事求是，及时、准确，不得瞒报、缓报、谎报、漏报。

9.8 后期处置

(1)应急解除后，各部门应及时对事故损失进行评估，分析事故原因，尽快恢复交通。

(2)相关部门依据财产损失及投保情况向保险机构做好理赔工作，应政府相关部门要求协助开展污染物的后期处理工作。

(3)应妥善安置、积极救治在突发事件中受伤人员，在后期治疗等方面给予帮助，妥善处理善后事宜。

(4)配合交警部门恢复交通秩序，并对受损道路、桥涵、隧道等结构物进行检查、维修、恢复。

(5)补充应急处置时调用的物资、设备。

(6)应急救援结束后，应总结本次救援的经验与教训，改进应急救援工作。

9.9 保障措施

9.9.1 通信与信息保障

明确突发事件应急管理领导小组联系电话及相关部门联系电话，并要求相关人员保持通信畅通。

9.9.2 应急队伍保障

根据实际情况和需要组织应急队伍，定期组织应急培训与演练，提高应对突发事件的能力和水平。

9.9.3 应急物资装备保障

各部门根据实际情况和需要，准备必要的应急设备和物资，保证应急处置时设备、物资正常供应。

9.9.4 经费保障

应根据实际情况在年度预算中明确足够额度的应急专项经费，由财务部门负责管理，在发生应急救援时迅速拨付使用。

9.10 应急预案管理

9.10.1 应急预案培训

加强应急预案的学习，使全员了解应急预案内容，熟悉应急职责、应急程序和岗位应急处置措施，事故预防、避险、自救等相关知识，增强应急应变技能和自我保护能力。

9.10.2 应急预案演练

应制定年度应急预案演练计划，落实演练经费，定期组织应急预案演练。伊犁公路管理局每年至少组织1次综合应急预案演练或者专项应急预案演练，每半年至少组织1次现场处置方案演练。演练应统筹规划、注重实效、厉行节约。鼓励开展桌面演练。

演练结束后，对演练的效果进行总结和评估，及时解决演练中暴露的问题和不足，必要时对应急预案提出修订意见。

9.10.3 应急预案修订

应急预案应当至少每3年修订1次，预案修订情况应做记录并归档，并按照报备程序重新备案。

有下列情形之一的，应当及时修订应急预案：

(1)因本单位兼并、重组、转制等导致隶属关系、经营方式、法定代表人发生变化的。

(2)预案中的其他重要信息发生变化的。

(3)重要应急资源发生重大变化的。

(4)面临的风险或其他环境因素发生重要变化的。

(5)重大危险源情况发生变化的。

(6)应急组织指挥体系或者职责已经调整的。

(7)依据的法律法规、规章、标准及上位预案中的有关规定发生重大变化的。

(8)在突发事故实际应对处置中发现需要作出调整的。

(9)在应急演练和事故应急救援中发现需要作出调整的。

(10)认为应当修订的其他情况。

10　巡检通道设置与维护

桥梁服役过程中，受到施工缺陷、材料退化、极端荷载和偶然事故等各种内外因素的作用和影响，结构安全性不能得到完全保障，需通过检测养护、维修加固等措施确保运营安全。从全寿命管理的角度出发，桥梁设计时需充分吸收现有桥梁运营养护管理中的经验，将后期养护维修操作的可能性、经济性、安全性等纳入设计范围，在建设时将巡检通道一并建成，实现主要结构部件的可到达、可检修，为结构运营管养提供全面有力的保证。

10.1　巡检通道预防性养护

巡检通道预防性养护工作内容包括清洁和保养。清洁巡检通道的频率为每年至少1次。

10.2　巡检通道修复性养护

巡检通道是对桥梁构件进行检查、养护、维修的通道，应保证其安全性。日常应保持巡检通道清洁、无锈蚀。对于长期未使用的巡检通道，在使用前应进行严格的检查、养护。

附录A　经常检查记录表

<table>
<tr><td colspan="6">公路管理机构名称：</td></tr>
<tr><td>1　路线编码</td><td></td><td>2　路线名称</td><td></td><td>3　桥位桩号</td><td></td></tr>
<tr><td>4　桥梁编码</td><td></td><td>5　桥梁名称</td><td></td><td>6　养护单位</td><td></td></tr>
<tr><td>7　检查项目</td><td>缺损类型</td><td colspan="2">缺损范围</td><td colspan="2">处治建议</td></tr>
<tr><td>8　主梁</td><td></td><td colspan="2"></td><td colspan="2">□追踪观察
□养护小修
□日常保养</td></tr>
<tr><td>9　主拱圈</td><td></td><td colspan="2"></td><td colspan="2">□追踪观察
□养护小修
□日常保养</td></tr>
<tr><td>10　拱上建筑</td><td></td><td colspan="2"></td><td colspan="2">□追踪观察
□养护小修
□日常保养</td></tr>
<tr><td>11　桥(索)塔(含索鞍)</td><td></td><td colspan="2"></td><td colspan="2">□追踪观察
□养护小修
□日常保养</td></tr>
<tr><td>12　主缆</td><td></td><td colspan="2"></td><td colspan="2">□追踪观察
□养护小修
□日常保养</td></tr>
<tr><td>13　斜拉索</td><td></td><td colspan="2"></td><td colspan="2">□追踪观察
□养护小修
□日常保养</td></tr>
<tr><td>14　吊杆</td><td></td><td colspan="2"></td><td colspan="2">□追踪观察
□养护小修
□日常保养</td></tr>
<tr><td>15　系杆</td><td></td><td colspan="2"></td><td colspan="2">□追踪观察
□养护小修
□日常保养</td></tr>
<tr><td>16　桥面铺装</td><td></td><td colspan="2"></td><td colspan="2">□追踪观察
□养护小修
□日常保养</td></tr>
</table>

续上表

17 伸缩缝			□追踪观察 □养护小修 □日常保养
18 人行道、路缘			□追踪观察 □养护小修 □日常保养
19 栏杆、护栏			□追踪观察 □养护小修 □日常保养
20 标志、标线			□追踪观察 □养护小修 □日常保养
21 排水系统			□追踪观察 □养护小修 □日常保养
22 照明系统			□追踪观察 □养护小修 □日常保养
23 桥台及基础(含冲刷)			□追踪观察 □养护小修 □日常保养
24 桥墩及基础(含冲刷)			□追踪观察 □养护小修 □日常保养
25 锚碇(含散索鞍、锚杆)			□追踪观察 □养护小修 □日常保养
26 支座			□追踪观察 □养护小修 □日常保养
27 翼墙(耳墙、侧墙)			□追踪观察 □养护小修 □日常保养
28 锥坡、护坡			□追踪观察 □养护小修 □日常保养

续上表

29　桥路连接处(桥头搭板)					□追踪观察 □养护小修 □日常保养
30　航标、防撞设施					□追踪观察 □养护小修 □日常保养
31　调治构造物					□追踪观察 □养护小修 □日常保养
32　减振装置					□追踪观察 □养护小修 □日常保养
33　其他					□追踪观察 □养护小修 □日常保养
34　负责人		35　记录人		36　检查日期	年　月　日

说明："缺损范围"列应详细记录病害的位置、范围。

附录B 日常巡查记录表

<table>
<tr><td colspan="4">巡查时间：　　　　年　月　日　时　分　　　　　　　　天气：</td></tr>
<tr><td colspan="4">巡查人员：</td></tr>
<tr><td>项目</td><td>巡查内容</td><td>巡查情况</td><td>处理结果</td></tr>
<tr><td rowspan="2">主梁</td><td>是否存在线形异常</td><td>□是　□否</td><td>□处理　□上报</td></tr>
<tr><td>是否存在振动异常</td><td>□是　□否</td><td>□处理　□上报</td></tr>
<tr><td rowspan="2">桥面铺装</td><td>是否有开裂</td><td>□是　□否</td><td>□处理　□上报</td></tr>
<tr><td>是否有破损</td><td>□是　□否</td><td>□处理　□上报</td></tr>
<tr><td rowspan="2">桥面排水及桥面安全</td><td>桥面是否有积水</td><td>□是　□否</td><td>□处理　□上报</td></tr>
<tr><td>桥面是否有遗撒等妨碍行车情况</td><td>□是　□否</td><td>□处理　□上报</td></tr>
<tr><td rowspan="3">伸缩缝装置</td><td>是否明显破损</td><td>□是　□否</td><td>□处理　□上报</td></tr>
<tr><td>是否明显异响</td><td>□是　□否</td><td>□处理　□上报</td></tr>
<tr><td>是否明显跳车</td><td>□是　□否</td><td>□处理　□上报</td></tr>
<tr><td>栏杆、护栏</td><td>是否完好</td><td>□是　□否</td><td>□处理　□上报</td></tr>
<tr><td>标志标牌</td><td>是否齐全</td><td>□是　□否</td><td>□处理　□上报</td></tr>
<tr><td>桥梁安全保护区</td><td>区域内有无违规作业、占用或堆载</td><td>□是　□否</td><td>□处理　□上报</td></tr>
<tr><td rowspan="2">其他</td><td>车辆行驶过程中有无明显异响</td><td>□是　□否</td><td>□处理　□上报</td></tr>
<tr><td>桥梁结构是否存在其他显著异常状况</td><td>□是　□否</td><td>□处理　□上报</td></tr>
</table>

附录C 桥梁基本状况卡片

<table>
<tr><td colspan="9">A 桥梁所处行政区划代码</td></tr>
<tr><td colspan="9">B 行政识别数据</td></tr>
<tr><td>1</td><td>路线编号</td><td></td><td>2</td><td>路线名称</td><td></td><td>3</td><td>路线等级</td><td></td></tr>
<tr><td>4</td><td>桥梁编号</td><td></td><td>5</td><td>桥梁名称</td><td></td><td>6</td><td>桥位桩号</td><td></td></tr>
<tr><td>7</td><td>功能类型</td><td>（公路、公铁两用）</td><td>8</td><td>被跨越道路（通道）名称</td><td></td><td>9</td><td>被跨越道路（通道）桩号</td><td></td></tr>
<tr><td>10</td><td>设计荷载</td><td></td><td>11</td><td>桥梁坡度</td><td></td><td>12</td><td>桥梁平曲线半径</td><td></td></tr>
<tr><td>13</td><td>建成时间</td><td></td><td>14</td><td>设计单位</td><td></td><td>15</td><td>施工单位</td><td></td></tr>
<tr><td>16</td><td>监理单位</td><td></td><td>17</td><td>业主单位</td><td></td><td>18</td><td>管养单位</td><td></td></tr>
<tr><td colspan="9">C 结构技术数据</td></tr>
<tr><td>19</td><td>桥长（m）</td><td></td><td>20</td><td>桥面总宽（m）</td><td></td><td>21</td><td>行车道宽（m）</td><td></td></tr>
<tr><td>22</td><td>人行道宽度（m）</td><td></td><td>23</td><td>护栏或防撞墙高度（m）</td><td></td><td>24</td><td>中央分隔带宽度（m）</td><td></td></tr>
<tr><td>25</td><td>桥面标准净空（m）</td><td></td><td>26</td><td>桥面实际净空（m）</td><td></td><td>27</td><td>桥下通航等级及标准净空（m）</td><td></td></tr>
<tr><td>28</td><td>桥下实际净空（m）</td><td></td><td>29</td><td>引道总宽（m）</td><td></td><td>30</td><td>引道线形或曲线半径（m）</td><td></td></tr>
<tr><td>31</td><td>设计洪水频率及其水位</td><td></td><td>32</td><td>历史洪水位</td><td></td><td>33</td><td>设计地震动峰值加速度系数</td><td></td></tr>
<tr><td>34</td><td>桥面高程（m）</td><td colspan="7">（根据测点设置列数）</td></tr>
<tr><td colspan="9">D 桥梁结构信息</td></tr>
<tr><td>35</td><td>桥梁分孔（m）</td><td colspan="7">［根据孔数（号）设置列数］</td></tr>
<tr><td>36</td><td>结构体系</td><td colspan="7">（根据种类设置列数）</td></tr>
<tr><td rowspan="8">上部结构</td><td>37</td><td>主梁</td><td colspan="6"></td></tr>
<tr><td>38</td><td>主拱圈</td><td colspan="6"></td></tr>
<tr><td>39</td><td>桥（索）塔</td><td colspan="6"></td></tr>
<tr><td>40</td><td>拱上建筑</td><td colspan="6"></td></tr>
<tr><td>41</td><td>主缆</td><td colspan="6"></td></tr>
<tr><td>42</td><td>斜拉索（含索力）</td><td colspan="6">（根据索数设置列数）</td></tr>
<tr><td>43</td><td>吊杆（含索力）</td><td colspan="6">（根据吊杆数设置列数）</td></tr>
<tr><td>44</td><td>系杆（含索力）</td><td colspan="6">（根据系杆数设置列数）</td></tr>
</table>

续上表

D 桥梁结构信息			
桥面系形式与材料	45	桥面铺装	
	46	伸缩缝	（根据孔数设置列数）
	47	人行道、路缘	
	48	栏杆、护栏	（根据部位不同设置列数）
	49	照明、标志	
下部结构形式与材料	50	桥台	（根据桥台数设置列数）
	51	桥墩	（根据桥墩数设置列数）
	52	锥坡、护坡	
	53	翼墙、耳墙	
基础形式与材料	54	基础	
	55	锚碇	（根据锚碇数设置列数）
支座形式、材料与附属设施	56	支座	
	57	桥梁防撞设施	
	58	航标及排水系统	
	……	……	
	59	调治构造物	

E 桥梁档案资料								
60	设计图纸	（全、不全或无）	61	设计文件	（全、不全或无）	62	竣工文件	（全、不全或无）
63	施工文件（含施工缺陷处理）	（全、不全或无）	64	验收文件	（全、不全或无）	65	行政审批文件	（全、不全或无）
66	定期检查资料	（全、不全或无）	67	特殊检查资料	（全、不全或无）	68	历次维修、加固资料	（全、不全或无）
69	其他档案	（如计算书、专题研究报告、地质水文勘测报告等相关文件）	70	档案形式	（纸质、电子文件）	71	建档时间（年/月）	

F 桥梁检测评定历史（根据需要设置行数）				
72	73	74	75	76
评定时间	检测类别	桥梁技术状况评定结果/特殊检查结论	处治对策	下次检测时间

续上表

<table>
<tr><td colspan="11">G 养护处治记录(根据需要设置行数)</td></tr>
<tr><td>77</td><td>78</td><td>79</td><td>80</td><td>81</td><td>82</td><td>83</td><td>84</td><td>85</td><td>86</td><td>87</td></tr>
<tr><td>时间(段)</td><td>处治类别(维修、加固、改造)</td><td>处治原因</td><td>处治原因处治范围</td><td>工程费用(万元)</td><td>经费来源</td><td>处治质量评定</td><td>建设单位</td><td>设计单位</td><td>施工单位</td><td>监理单位</td></tr>
<tr><td></td><td></td><td></td><td></td><td></td><td></td><td></td><td></td><td></td><td></td><td></td></tr>
<tr><td></td><td></td><td></td><td></td><td></td><td></td><td></td><td></td><td></td><td></td><td></td></tr>
<tr><td></td><td></td><td></td><td></td><td></td><td></td><td></td><td></td><td></td><td></td><td></td></tr>
<tr><td colspan="11">H 需要说明的事项(含桥梁管养单位的变更情况)</td></tr>
<tr><td colspan="11">88</td></tr>
<tr><td colspan="11">I 其他</td></tr>
<tr><td>89</td><td>桥梁总体照片</td><td colspan="3">(照片)</td><td>90</td><td>桥梁正面照片</td><td colspan="4">(照片)</td></tr>
<tr><td>91</td><td>桥梁工程师</td><td></td><td>92</td><td>填卡人</td><td></td><td>93</td><td colspan="2">填卡日期</td><td colspan="2">年 月 日</td></tr>
</table>